语文教师核心技能修炼

熊纪涛 ◎ 著

海峡出版发行集团 | 福建教育出版社
THE STRAITS PUBLISHING & DISTRIBUTING GROUP

图书在版编目（CIP）数据

语文教师核心技能修炼/熊纪涛著. —福州：福
建教育出版社，2025.1. —ISBN 978-7-5758-0309-0

Ⅰ.G633.302

中国国家版本馆 CIP 数据核字第 20242CC328 号

语文教师核心技能修炼

熊纪涛　著

出版发行	福建教育出版社
	（福州市梦山路 27 号　邮编：350025　网址：www.fep.com.cn
	编辑部电话：0591-83779615　83727542
	发行部电话：0591-83721876　87115073　010-62024258）
出 版 人	江金辉
印　　刷	福建东南彩色印刷有限公司
	（福州市金山工业区　邮编：350002）
开　　本	710 毫米×1000 毫米　1/16
印　　张	14.75
字　　数	202 千字
版　　次	2025 年 1 月第 1 版　　2025 年 1 月第 1 次印刷
书　　号	ISBN 978-7-5758-0309-0
定　　价	39.00 元

如发现本书印装质量问题，请向本社出版科（电话：0591-83726019）调换。

目　录

1. 语文教师是专业技术人员

有人说，语文是人文启蒙的学科；有人说，语文是生命诗意的课堂；有人说，语文是发现美和追寻美的空间……诸多说法，不一而足，让很多语文教师迷失其中，忘记自己本职所在。对此，语文教师必须保持清醒的头脑，找准自己的定位，认清自己的身份、作用和使命。

语文教师是专业技术人员，这是语文教师的身份，也是语文教师的基本定位。每个语文教师要有这样的定位意识和自我要求，而不能遗忘或放弃这一身份。认清这个身份，语文教师的职责就很清楚，即：语文教学是专业技术。很多语文教师认不清这个身份，也想不通这个逻辑，导致自己难以接受语文教学是技术这个不大浪漫和诗意的事实。

部分青年教师在刚起步阶段，依靠热情、体力，用心跟学生交往，虽然经验缺乏，也没有多少语文教学技术，所教的学生也考出了不错甚至优秀的成绩。然而，在工作十年八年后，有人却发现，热情、体力等在下降，师生关系似乎也不如自己入职起步阶段那般和谐，学生也无法考出不错的成绩，这时候教师变得非常苦恼，百思不得其解。其实，主要原因就是教师忘记了自己作为专业技术人员的身份。专业技术人员是要有过硬的专业技术的，专业技术不过硬，出现问题，遇到发展瓶颈，是必然的事情。

对于一个专业技术人员来说，专业技术是安身立命之本，只有重视专业技术的修炼，加强自己的专业修为，才能走向技术专家的境界。然而，很多语文教师忽视或无视自己作为专业技术人员的身份，以致成为老教师甚至取得高级教师职称的时候，其专业技术水平仍然处于中低层次，缺乏成为专家型教师的实力和后劲。

专业技术人员的成长，有其自身的规律。小羊吃草会成长，随着岁月的增加，自然而然地就长成了大羊和成羊。但是作为语文教师的我们，并不会随着岁月的增加，就自然而然地成长为技术专家。我们要想成为技术专家，就要从将自己作为专业技术的定位开始修炼，把语文教学技术修炼成绝活。这意味着无论是什么年龄阶段或教龄阶段的教师，我们都应当尊重规律、遵循规律、运用规律，促成自身作为专业技术人员的内涵提升。

明晰了语文教师的专业技术人员身份，还要明确语文教师的作用和使命。语文教师的作用，其实就是尽到职责后所产生的价值或效果。按照语文学科课程标准来说，语文是一门培养学生正确地理解和运用国家通用语言文字的综合性、实践性的课程。据此来看，国家之所以设立语文学科，培养语文教师，设置中小学二级教师、中小学一级教师、副高级教师、正高级教师的专业技术职称，其目的就在于促使语文教师培养学生学用国家通用语言文字的能力。

然而，令人不解的是，一些语文教师忘记了这一目的，发表种种似乎颇能自圆其说的说法，以显示其合理性。不过，合理未必就等于合格，也未必等于尽职尽责。例如，主张语文课一边倒地学习文学作品、培养学生的文学审美能力，而忽视对调查报告、文学评论等应用文以及非文学名著的阅读和学习。又如，高度重视学生大量阅读，但对作文教学却没有给予同等程度或应有的重视等，就从学生学习和运用语言文字的角度来说，语言文字应简明、连贯、得体、准确、鲜明、生动，这些主张和做法，显然有失偏颇，甚至是顾此失彼的。

确认语文教师是专业技术人员的身份，意在倡导广大语文教师回归专业技术的本分上来。《论语》有言：君子务本，本立而道生。专业技术是专业技术人员的立身之本，语文教师作为专业技术人员而不务专业技术，必然无法坚守语文教学之道。

专业不专，无疑是专业技术人员之耻，但在一些语文教师身上却屡见不鲜，甚至不以为耻而反以为常。比如，我们走进语文课堂，只见语文教师忙着播放朗读课文的视频或音频，评点学生的朗读存在的问题和不足，指出其改进的方向和要求，却始终无法亲自示范一下自己的朗读，对学生作出针对性、具体性的手把手的指导，引领学生一步一步突破问题、改进不足。再如，教师对学生的回答不满意，责怪学生不明白老师的意图，其实是教师自己缺乏相应的提问技术，或者是提问技术不过关。专业技术不过硬，反倒怪学生学习差，不会学习，这何尝不是倒因为果呢？学生基础好，会学习，又何尝用得着你这个老师来教呢？

作为语文教师，要精进自己的语文教学技术，这是不言自明的道理。如果你对自己的语文教学技术不用心，反倒是将学生基础好不好、家长配合不配合等外在因素摆在首位，这不是反客为主、颠倒主次吗？教不好课，提高不了学生的考试成绩，你还那么振振有词，你的专业实力和教学底气究竟何在呢？

语文教师作为专业技术人员，锤炼语文教学技术，至少要练好课堂教学技术，例如朗读教学技术、教学目标的制定和叙写的技术、课堂教学导入的技术、课堂环节设计的技术、课堂教学提问和追问的技术以及课堂教学板书设计的技术等。当一个语文教师有了技术导向的思维，方可将课堂教学当作一项工程，用系统的眼光审视教学目标和教学要素以及教学手段的关系，朝着做成事、产生结果的方向努力，使自己心中的理想语文落地，变成活生生的课堂教学实践。

当语文教师只是处于心中有诗意而手中无技术的境地，说明语文教师不够成熟，难以实现其心目中的语文教学理想；当语文教师手中有技术的时候，说明语文教师开始成熟了，其心目中的语文教学理想就有了落地的具体路径。用语文教学技术支撑或实现语文教学理想，当是一个语文人的专业修为，亦是应然、实然和必然的统一。

2. 心行兼修是练成绝活的核心

中小学教师的规模很大，数以千万计，但真正把教学练成绝活的教师不多。究其根由，在于很多人只是把教师当作稳定的"铁饭碗"，而无视教师是专业技术人员的本质，没有从内心里真正把教学当作一门技术、当作安身立命之本去刻苦钻研。加之，一些人又将此一股脑地归咎于外在环境，这就销蚀了其原本可以修己立人、成己达人的修炼心态和可能性。对此，语文教师要有清醒的认识，不可浑浑噩噩地教学，而要练出自己的绝活。

教师职业稳定只是一种制度保护下的稳定，而不是源于自身实力的最硬核的稳定。从本质来看，真正的稳定是，只要社会、学校和他人需要，这个行业或职业不消亡，哪怕从业人数再缩减，有绝活傍身，就不会有转岗或失业之虞。语文教师应当有一定的敏感度和前瞻性，因为语文课和数学、物理、化学等其他课相比，更容易被人指指点点、评头论足，更需要通过练出绝活提高专业壁垒，让悠悠众口自动打住。

人生最重要的事业是什么？1929 年，胡适先生在当时的中国公学第十八年级毕业典礼上讲过："易卜生说：'你的最大责任是把你这块材料铸造成器。'学问便是铸器的工具。抛弃了学问便是毁了你自己。再会了！你们的母校眼睁睁地要看你们十年之后成什么器。"我非常喜欢这段话。的确，不管你在学校、在职场，还是自己创业，你毕生最重要的项目就是把自己铸造成器。而练就业务绝活，就是一个人铸造成器的重要标志。在这一点上，语文教师概莫能外。立足岗位成才，是务实的职业选择。

无论是语文教师，还是其他学科教师，只有把会教书育人当成安身立命的根本，才会有可能千方百计地修炼教学的绝活。目前，从教书育人的角度看，学校里的教师大致分为三个层次。

第一层次的老师，能帮助学生学习新知识，构建知识体系，改善学习方法，提高解题能力。

第二层次的老师，能用通俗易懂的方式让学生掌握知识，学生学习效率高，可节省大量的时间。

第三层次的老师，有一定的绝活，有自己的人格魅力和授课特点，能用生动有趣的方式让学生喜欢学习。

一言以蔽之，讲清楚，讲容易，讲高妙，这就是三个层次所对应的三个境界。达到第一层次，在学校里就有了立足之地，越往上，教学水平越高。教师上课水平高，特别是有绝活，就能不惧未来的变化。我们不要把低效的勤奋当成目标，要追求高效与有趣。每个学校都有一些兢兢业业拼命压榨学生时间的勤快老师，把孔子所说的诲人不倦，硬生生地变成了"毁人不倦"。在多种场合，大会小会上，可能他们往往还是领导口中的楷模。不过，人各有志，不要羡慕他们。他表演他的勤奋，你修炼你的内功。顺应核心素养导向，做业务精湛的语文教师，练出一身绝活。

当一个有绝活的语文教师，到底有多难？认知不高，肯定不行，但是当前存在着一些"认知"高得吓人的差教师，你跟他聊啥他都懂，说啥都知道。上下五千年，历史，人文，国际关系，说起来洋洋洒洒，他比任何人储备的认知都多。经济学，金融学，心理学样样精通，动辄跟你谈的都是 AI，数字货币，未来趋势，可是当下语文课连朗读都不会，教学就像照本宣科，不专业还自以为是。知道的越多，分心分神，极其容易让自己停滞不前。我们还是不做这样的语文教师为好。在课堂上没有绝活的教师，再滔滔不绝，口若悬河，也不过是花架子。也许，这些教师的绝活就是要嘴皮子，但是，这不等于教学水平高，更不等于学生成绩好。

不存在高认知的差教师，只存在看似高认知的差教师。一个教师只能做到认知范围之内的程度与水平，按照这个逻辑，你教学之所以差，就是因为你的认知还不够，或者说之前的认知都是错误的，仅此而已，无它。高认知的差教师，这种奇特存在的背后隐藏着一个道理：所谓高认知，只要没结果，那么所谓的高认知其实基本上不属于自己，大概率是别人的一些认知。语文教师不可只是滔滔不绝地讲解，更重要的是对学生作三言两语的点拨和具体有效的训练。语文教师从万金油转向专用油，这是专业细分、技术拔尖的时代呼唤，也是修炼绝活的内在要求。

王阳明龙场悟道，核心就是知行合一，理论联系实际。有些人活在自己虚拟的高认知的世界里，认为周围世界都不懂他，怀才不遇。他们不去提高教学，可能还看不惯你。其实，真正成长的秘诀是，看到机会，马上行动，如果做错了，那就重新来过，绝不拖延；缺啥补啥，知道自己该知道什么，该干什么。提高认知是要让自己在原有基础上看到更大的可能。光学不练，没有作用。语文教师要对自己狠一点，事上练，心上熬，境上磨，努力把语文课打磨成工艺品。

每个人都是"我知道"的囚徒。苏格拉底曾有名言：我知道我一无所知。这里的"一无所知"，便是对知行合一的敬畏。越是知识储备丰富的人，越容易长久地陷入自己划定的认知区域，只有把所谓的知道"觉"成进步的阶梯，并一步一个脚印踏实攀登，所谓的知，才不会成为走向未来成功的绊脚石！"纸上得来终觉浅，绝知此事要躬行"，经过行动而有所知和通过听看读写而有所知，两者背后的认知逻辑和性质，有着本质的不同。语文教师要用行动重塑自己的认知体系，让高认知体现在实践行动上，而不是停留在口头表达层面。

就语文教学的真知和规律而言，锤炼课堂功夫更是如此。

知不等于识，识不等于行，从知到识再到行，需要不断地学习、实践与反思。实践出真知！将所知所识变成脚下的行动，持续地学习实践与反思，才可能真知真识真行，语文教师把教学技术练成绝活，其实也是如此。提高认知到底有没有意义？一味追求认知并不能改变世界，也不会改变个人的命运。停止自我内耗，做到知行合一，专注自己能做到的，才能用所学所知，成就自己圆满幸福的人生。

把修己当作修炼过硬技术的核心，就要始终秉持投资自己的心态，认为自己才是最值得投资的对象，不断打造自己，铸造成器。购书是投入资金，读书是投入时间和意志，写作是投入时间、意志和体力，教学是投入时间、精力和体力……心行兼修，才有修炼出一个身怀绝活的自己。

鸟儿从不担心自己会坠落地面，因为它相信的不是暂时栖息停留的树枝，而是自己能够飞翔的能力和翅膀。对于教师来说，教学绝活，正是实现梦想，在教育天地里自由飞翔的能力和翅膀。

3. 教师成长应抓住关键问题

一线教师想要成长，通常会涉及很多因素和方面。按照叶澜教授的观点，应当认识到教师专业化发展和教师成长之间的关系，不能简单地提教师专业化发展。这意味着教师成长是一个复杂的系统工程。事实上，在一线教师的成长实践中，教师成长也是千头万绪的，并不是一个简单的事情。例如：教师的课堂教学水平，教师本人的成长意愿、成长的具体环境、现实可用的资源，甚至自身的身体素质，都跟教师的成长息息相关。

根据教师成长的复杂性，一线教师想要成长，特别是加快成长，就必须从千头万绪中挑出关键问题，方可找准切入点和突破口，最终以点带面，实现全面发展。那么，作为一线教师，通常会遇到哪些关键问题呢？简而言之，如何上好课，再评上较高等次的职称和荣誉。前者是内里，后者是外表，内外相辅相成，表里如一、内外兼修，是相当理想的成长状态。作为一线教师如此操作，可使自身成长产生名实相副、相得益彰的效果。

对一线教师来说，一个教师不仅是一个行业中的人，而且是一个具体单位中的人。这就带来一种成长的逻辑：究竟是先在单位中脱颖而出，还是先在同行中树立口碑？通常来说，应当先立足于单位，再获得同行好评。当然，也可以采取这样的成长策略：以在单位中脱颖而出为主，以发表论文、主持课题、上公开课等树立行业口碑为辅，形成主辅分明、联合并进的逻辑。

我们把这些思考和问题进行汇总，可以形成比较现实而关键的问题：要不要当班主任？如何站稳讲台？怎样发展自己？这也是教师成长必然遇到的三个问题。第一个问题，涉及学校的职称生态和领导意图，关系到一线教师在单位中有着怎样的发展空间；第二个问题涉及教师的关键核心技术，关系到一线教师在单位中有着怎样的立身之本；第三个问题涉及教师的成长的方法论及具体途径，关系到一线教师在单位中的发展成效以及能否走向本市、全省乃至全国。

上述的三个问题，虽然对象不同，但具有一定的关联性，其核心就是教师如何规划自己，避免成长中走弯路。因此，如何规划自己、在实践中发展自己，就是教师成长的关键。解决好开头说的这三个问题，有助于教师抓住自身成长的关键。

要不要当班主任？个人认为在学科教学尚未过硬时，当班主任可能并非最佳选择。原因是课堂教学不立，班级管理何以立？尤其是刚毕业的大学生，一上来就当班主任又教两三个班级的课，易陷入"两个拳头同时打人"的泥淖，结果可想而知。无论是班级管理，还是学科教学，都是让人一生难以穷尽的学问和艺术，而人的精力和时间却是有限的，所以在职业生涯起始的时候还是应以专精为务，避免贪多嚼不烂。这样的职业判断和生涯规划，个人觉悟越早越好。也许，有少数人擅长多任务并行，且能"两点"中有"重点"，这另当别论。

如何站稳讲台？这是一个指向学科教学、课堂教学的问题，即怎样做好课堂教学。通常说的备课、上课、听课、评课、命题、审题等流程，都是搞好课堂教学的重要环节。教师对此应当有清晰而完整的认识，及早地查漏补缺，将短板变成长板。例如：备课、上课这两个环节过关，看看自己命题是否过关、评课是否过关，不能过关则要加强学习和训练，否则还不能成为学科教学上真正成熟的教师。一个教师真能对备课、上课、听课、评课、命题、审题等业务做到烂熟于心，而且有自己比较系统的见解，足以堪称"专家型教师"。教师只要将自己的成长放在未来教育发展和当前学科教学的层面上，就能发现自己职业生涯的关键问题和短板。

怎样发展自己？教师发展自己，简单地说就是读书、思考、写作和演讲这四件事。每个教师先天禀赋不同，发展自己的路径也不相同。为育人而教书，最好是能走进书本。在书中走几个来回，这就是思考。如果确实没有读书的习惯，就需要有读社会这本大书的敏锐观察力和超高转化率，否则课堂教学不可能充满生活的气息和智慧的意蕴。演讲，其实就是"言说"，既是思考的结果，也是出之于口的"写作"。比起"文字"写作，"口头"写作更为重要，古人称教书为"舌耕"，根由就在这里。从教师的价值功能看，"读"和"说"是教师职业的核心技能。有了扎实的"读"，课标、教材、名著、社会和学生等等均可映入眼帘，读出教育教学的真谛，而没有了厚实的读，教育教学必将失去"源头之水"。有了精彩的说，点拨、引导、示范、描摹和指引等等都将包含启人心智，捅破遮蔽学生智慧的窗户纸，没有了优质的说，教育教学的效果将大打折扣。具体到怎样读、怎样说、怎样思、怎样写，同样需要教师自己做好规划，将每一个大环节细分为若干小环节，训练自己的技能，养成相应的思维和习惯，有计划地定点清除教师职业技能和素养的"盲点"，从而不断提升自己成长的质量、层次和速度。

结合当前中小学的现实情况，在一线教师的成长中，当班主任是先决条件，上好课考出好成绩是关键核心，寻到成长方法则是催化剂和加速器。基于这样的认识，我们可以判断出一线教师立足单位成长而有所突破，那就要锻造并拥有多种卓越的个人特质。一些名师学历不高，初次任职学校在农村，没有办法拜名师为师傅，学校教研氛围不浓，领导不支持外出研修培训，但最终坚持下来而取得令人羡慕乃至敬佩的成就，可以推知其所具备的成功者特质以及规律，即：成就卓越事业，离不开卓越特质，而忍耐力和意志力可能是最重要的卓越特质。

在多数学校中，一线教师由于需要评职称，或是资历浅，必须接受当班主任这个任务。否则，有可能遭受领导的批评，甚至还要被年龄大的同事指责，其压力之大是可想而知的。然而，好生源是有限的，好班级也是有限的，按照"二八法则"来推断，大概只占到百分之二十的比例。作为一线教师，一旦当了班主任，特别是当薄弱班级的班主任，一直要面对生源不佳的现实，那就要锻炼自己的超级忍耐力和超强意志力。没有超级忍耐力，就无法忍受学生"啥事都能干得出来，唯独学习这件事干不出来""吃喝玩乐样样行，唯独学习这一样不行"的现状；没有超强意志力，就无法达到"别人都不读书学习，而我还要坚持读书学习""周围人都在吃喝玩乐，我仍在研修精进"的程度。

从本质来看，教师成长就是教师内在特质的提升，而情感、态度和价值观则是具有先决重要性的因素。换而言之，对一线教师来说，必须充满成长的热情，抱定坚定成长的态度，树立正确的价值观，才能持之以恒而有所斩获。

教师成长的关键是规划，即盘点自己的优势和劣势，做好符合兴趣和工作实际的成长流程和系统规划。然后，坚定地实施这个流程和规划，在切分流程和细化规划中将短板变成长板，最终实现职业生涯和专业生命的不断成长。

4. 规划自己的专业成长路径

目前，教育行政部门、教研机构和学校等，出台各种政策和措施也好，开展各种教研和培训也好，都是想推动教师走专业化发展道路，帮助教师提升自己的业务技术的专业化水平。平心而论，这些部门机构等并不是教师专业发展的主体。那么，教师专业发展的主体，究竟是谁呢？答案是显而易见的：教师。教师是专业发展的主体，每位教师自己要扛起专业发展的主体责任。语文教师也不例外，自己要把专业发展当回事，主动规划专业成长路径。

根据实际状况来看，推动教师专业发展可分为两种：一种是教师自己针对自我开展的专业发展，一种是外部机构针对教师开展的专业发展。理想的状况是，两者相互交融并进。从内外因的相互关系来看，前者属于内因，后者属于外因，外因通过内因起作用。

常言道，凡事预则立，不预则废。主动寻求专业指导，规划专业成长路径，是语文教师加快成长的不二法门。那么，怎么规划专业成长路径呢？我认为，可以先把专业发展的预期结果作为目标，按照逆向倒推的方法，采用分类思维，逐项逐阶段地进行分解，一直分解到自身目前状况。再从自身目前现状出发，向预期结果这个目标去看，专业成长路径自然也就显得清晰可见。

对语文教师来说，专业发展的预期结果，就是经过若干年的专业发展，你想成为什么样的语文教师。这个预期结果，可以是发表专业论文、主持完成课题、执教公开课以及获得优秀教师、骨干教师等外在符号的提升，也可以是课堂教学能力、教研能力以及演讲能力等自身内涵的提升。在某种意义上，以外在符号提升为主导的目标，相当于"名"；以自身内涵提升为主导的目标，相当于"实"。当然，也可以采取内外齐头并进的策略，以期"名""实"相符。

在一线教师群体中，我们时有听闻或看到"骨干不骨""特级不特""正高不高"等现象。其本质就是，这些教师外在符号提升的速度，明显超过了自身内涵提升的速度，造成了名不符实的情况。反过来说，这些现象也证明了加强专业成长路径的重要性，没有对外在符号的主动规划，是不可能加速取得外在符号的。

即便是一线语文教师对外在符号加强了规划，由于影响外在符号获取的因素多为客观因素，非一线语文教师所能控制，也未必就能如愿以偿地取得外在符号。无论是从名实相副的角度来说，还是从实现预期结果的可控性来看，单向度地追求教师专业发展的外在符号，并非广大一线语文教师的明智选择，而应该坚持以专业内涵提升为主导、外在符号的获得是水到渠成或顺其自然的专业发展模式。当然，也可以从外在符号入手，将其作为引领专业内涵提升的导航标志，让自己的专业内涵提升上去，为获得外在符号夯实基础。

从专业内涵提升的角度来看，教材解读能力、教学设计能力、课堂教学能力、教研能力、教育写作能力、试题命制能力、作业设计能力、专业阅读能力等，都是语文教师应当修炼的业务能力。像教材解读能力、教学设计能力、课堂教学能力等，更是语文教师应当修炼的核心业务能力。

实现专业内涵提升，如何规划呢？其实，就是将诸多能力细分成具体项目，建立一个细分项目的序列，开展逐项训练。例如，对课堂教学能力进行细分，这在本书目录中已有细分项目，其具体修炼路径或技术已有相应的阐述。其他能力的细分，也是如此。下面，就以教育写作能力的细分为例，作具体阐说。

对教育写作能力进行细分，可开展多种维度的分类。文体、流程、理论特质、经验特质等，均可作为细分的维度。比方说，按照文体的维度，就可分为教学随笔、教学反思、书评、案例、研究报告等具体文体的写作能力。

像教学反思的写作能力，又可以细分为多种具体的能力项目，至少涉及以下方面的能力：概述能力，用于概述教学主要内容、典型教学现象等；分析能力，用于分析教学内容存在的问题、典型教学现象的本质等；比较能力，用于比较成功和失败的典型现象，自己和名师在教学的理念、操作、切入角度上的差异等等；论证能力，用于收集论据、援引理论或条分缕析地论证自己的看法和观点；解释能力，用于对现象的解释、对因果等相关性的解释；归纳能力，用于对同类现象提出本质性的问题、得出规律性的认识；演绎能力，用于对概念和原理的阐述，并将其运用到具体教学实践中，或者借此形成具体的教学操作实践。

再如，作业设计能力、试题命制能力等，有哪一种是不能分解的呢？当然，按照什么维度细分，怎样细分到可以操作训练的程度，是有讲究的，技术含量非常高。仅仅依靠自己的力量可能是不够的，这就需借助于专业书籍、专家或同伴，以期规划出可实操训练的专业成长路径。

从外在符号获取的角度来看，优秀教师、优秀班主任、骨干教师、教坛新秀、教学能手、学科带头人、名师、特级教师以及专业技术职称等，都是语文教师成长的外在引领标志。这些荣誉称号的获得，既要业务突出，又要人际关系和洽，都需督促自己加强修炼和提升内涵。

按照有关标准，优秀教师、专业拔尖人才、优秀专家、高层次人才等被认为是综合性的表彰或荣誉称号，优秀班主任、骨干教师、教学能手、特级教师等被认为是单项性的表彰或荣誉称号，至于名师等表彰或荣誉称号，各地存在差异，归入综合性表彰或荣誉称号者有之，列为单向性的表彰或荣誉称号者亦有之。

根据外在符号的颁发单位的级别，这些表彰或荣誉称号又有级别的不同。例如：优秀教师、骨干教师等，从学校到县，再到市和省，基本上都有这样的评选和表彰。至于能否获得这样的机会并入选，这既要看指标名额的数量，还要看具体条件的多少和难易程度。想要在此方面有所发展，应当咨询两类对象。一类是开展表彰或荣誉称号评选活动的举办者。一线教师根据其发布的通知，对其中的具体条件仔细研读，把握最低要求和关键细节，力争提高入围的概率。另一类是已经获得表彰或荣誉称号的参评者。一线教师根据自身实际状况，邀请往届获得者作出有针对性的指导，发现差距和问题，寻找弥补的对策和改进方案，补齐短板。

在实践中，外在符号和专业内涵的提升，是能够协调发展、齐头并进和相得益彰的。例如，为了获得优质课奖励证书，那就要在校内赛课中获得优秀等次。只有在校内出线，才有可能在校级优质课的评选中脱颖而出，获得最高的等次，这样才有机会被选送参加更高一级的评选。那么为了在校级优质课评选中脱颖而出，你就要在平时的语文课堂中，追求优质课。既可以先力求每周上出一两节优质课，也可以选定一段时期打造优质的课堂导入、课堂提问等专项技能，还可以邀请往届优质课高手开展临堂现场的指导。通过一系列的内涵提升工作，用强大的内涵为优质课的打磨和改进提供支撑，这样就可以通过评选活动这样的机会而外化成外在符号，最终实现专业内涵和外在符号的同步提升。

5. 用分类思维认知语文教学

语文教学是一个系统工程，语文教师要用工程思维来谋划语文教学，通过整合语文教学资源、要素和方法等，实现语文教学目标。这意味着语文教师不能仅停留在理论思维的层面，满足于理论上的设想和架构，而要把关注点和重点从语文教学的应然，转到语文教学的实然上来，借此逼近语文教学的本然。理论思维考虑的是应然即应当怎么教，工程思维考虑的是实然即如何教成，两者互相配合效果好。

从目标的制定和完成过程来看，语文教学具有高度的复杂性，要达成应然、本然和实然的统一，其难度可能远超我们的预想，以至于太多的语文教师低估了语文教学的难度。面对语文教学的复杂性，我们亟须采用分类思维，重新认识语文教学，以便修炼语文教学技术。

从过程视角来看，语文教学是一个复杂的运作过程，包括但不限于研读教材、设计教学、实施教学、设计作业、批改作业及反馈等环节和活动。这样的理解和看法，其实就是采用分类思维认知语文教学的结果。如果扩大眼界，采用更加多元的分类标准及认知框架，我们还可以对语文教学作出更多、更细的分类，形成更加丰富、更加科学的认知。

根据教学的要素，语文教学是由教的主体、学的主体、教与学的设计、教与学的资源、教与学的时间、教与学的空间等组成的。统筹诸要素，上出一节好课，无疑是教师的硬功夫。如何做才能上出一节好课呢？

就教的主体而言，教师将自己感兴趣和擅长的内容上好，这是相对容易的，然而，对于教师不感兴趣和不擅长的那些内容，应该怎么办呢？答曰：依靠技术，通过基本的技术操作，达到规范的程度和水平。至于擅长的内容，要从技术的层面进阶到艺术的层面，达到熟能生巧、技近乎道的程度。

就学的主体而言，学生是学习者，其固有的知识基础、认知习惯、学习方式等情况，决定了教师的教所应采用的环节、方式、顺序、资源以及方法。因材施教、因人而异、因情制宜，一个班级一个学法、一个教法，一个人一个学法、一个教法……其目的都是为了提升学生的学习效率，当然也蕴涵着提升教师教学效率的考量。

就教与学的设计而言，教师的教对学生的学产生刺激，学生产生反应而进行学习，这意味着教师的教对学生的学习应起到唤醒、维持和促进的作用。如果教师的教对学生的学不能产生这样的作用，那么教师的教无疑是失败的，对推动学生学习几乎是没有价值的。以阅读教学为例，文章的读法决定学生的学法，学生的学法决定教师的教法。如果教师仅仅考虑文章的读法，而不考虑学生的学法，那么教师的教法显然是不稳妥的，也可能不是最适合学生学习这篇文章的教法。

就教与学的资源而言，教材无疑是最重要的资源，无论如何深入理解教材都不为过。吃透教材，是备课的基础，也是走向科学性设计教学的前提。择取教学资源，不能浮在表面上，应当深入课文内部，提炼并精选最适切的训练性资源。比如，能够训练学生读懂文章并掌握具体读法的关键词句，能够训练学生赏析文章并掌握赏析方法的美点和妙处。我们反复研读课文，细读到一句一字甚至是一个标点符号，就是为了提炼并精选最适切的训练性资源，以便在语文课堂上开展具体而有针对性的训练，提升学生对国家通用语言文字的理解能力和运用能力，

就教学方法而言，语文教师有必要区分语文学科的专属方法和各学科均可使用的通用方法。不然，语文教师容易造成方法错用的问题。例如，原本应该使用朗读的方法（教师用声音对文字进行再度创作，以声传情，迅速将学生带入情境，促进学生积累感性的认识和经验，以便相对容易或更为快捷地识别课文的主旨或情感基调），一些老师却使用提问的方法，不断地向学生

发问："你读出了什么情感?""你认为这篇课文的情感基调是什么?"一个学生回答不了，就再换一个学生回答，多个学生回答不出来，那就改换成讨论的方法："大家一起讨论讨论，交流一下。"偶尔还有个别语文教师批评学生，没有做好预习工作、不看学习资料、基础太差等等。

明明是两分钟读完一个段落或一首古诗词就能解决的问题，偏偏花费五分钟乃至更长的时间，关键是还不一定能够解决问题，可能还会挫伤学生学习的信心和积极性。无论是从师德层面还是从教学水平来看，方法不当，是有失专业技术人员身份的。有人主张，老师把课上好就是最大的师德，这不无道理。其实，教师把课上好，就像医生把病看好一样，都原本是各自职业道德的题中应有之义。在某种意义上，语文教师的教学技术水平，本身就是衡量师德水平的一个关键标志。有口皆碑的名师和许许多多的庸师存在的区别，关键之处并不是对学生好不好，而是技术水平的高下不同，对学生的学习进步有没有实招、硬招、妙招和绝招。

为了上好语文课，语文教师对语文教学技术不仅应有总体框架的把握，而且还应有分解性技术的操练，在分合之中实现语文教学技术的提升。笔者将语文教学技能从一个整体分解为13种基本技术，具体如下：

1. 课堂教学目标的研制技术；

2. 课堂教学目标的叙写技术；

3. 课堂教学导入的技术要点；

4. 课堂教学提问和追问的技术；

5. 课堂教学理答的技术；

6. 课堂教学评语的提升技术；

7. 课堂教学环节的设计技术；

8. 课堂教学活动的设计技术；

9. 课堂教学环节过渡的技术；

10. 课堂教学小组合作的技术；

12. 课堂教学板书设计的技术；

13. 课堂教学作业设计的技术。

语文教学技能还包括语文试题命制技术、语文作业批改技术等其他分项技术。不过，相对于课堂教学这一核心工作，此类技术至少不是开展语文课堂教学所必须使用的核心技术。当然，如果是语文教师掌握提分技术，那么语文试题命制技术和语文作业批改技术可能就立即上升为提分技术中的关键技术了。

除了基于技术视角认知语文教学，我们还可以从知识视角认知语文教学。从知识的角度来说，前辈总结出了"字词句篇，语修逻文"这个口诀，概括了语文知识的八个层次和方面。按照邵瑞珍和皮连生等学者的研究，知识分为陈述性知识、程序性知识和策略性知识。此外，布卢姆、安德森、加涅等国外学者也提出了知识分类的标准及体系。例如，安德森等人所著的《布卢姆教育目标分类学（修订版）》将"知识"分为四种类型：

1. 事实性知识：分为"术语知识"和"具体细节和要素的知识"两个亚类；2. 概念性知识：指结构化的知识形式，包括"分类和类型的知识""原理和通则的知识"和"理论、模型和结构的知识"；3. 程序性知识：关于"如何做某事"的知识，指做某事的方法、探究的方法；4. 元认知知识：关于一般认知的知识以及关于自我认知的意识和知识。

基于多重理论视角认知语文教学，其实就是以确定的理论透视和理解语文教学，在多种理论之间寻觅并捕捉到语文教学的优化方向和改善空间。在本质上，这就是用分类思维认知语文教学。其目的是更加精细地观察语文、研究语文和优化语文，精进语文教师的专业技术。

6. 研习语文学科的课程标准

　　课程标准对于一门学科有多重要？相当重要，非常重要，极其重要，怎么形容都不为过。在某种意义上，一门学科的课程标准，是这门学科的"宪法"。无论是教材的编写，还是课堂的教学，抑或考试的命题，都要遵循课程标准。那么，语文教师就要研读、学习和贯彻语文学科的课程标准。

　　当前，语文课程标准包括《义务教育语文课程标准（2022 年版）》和《普通高中语文课程标准（2017 年版 2020 年修订）》，前者适用于九年义务教育语文课程，后者适用于普通高中语文课程，两者均由中华人民共和国教育部制定。当然，两者在逻辑上具有一致性，内容上具有衔接性，学段上具有进阶性。限于篇幅，在此开展讨论，以《义务教育语文课程标准（2022 年版）》（简称新课标，下同）中的初中语文内容为主，其余部分及高中语文课标的内容也有所涉及。

　　新课标是一个完整性的文本，包括课程性质、课程目标、课程内容、学业质量、课程实施以及附录，蕴涵着完整的课程要素及框架。每一要素、每一部分、整体框架及其内在关联，唯有使用适切的方法、较多的时间和持续的行动才能深刻理解。一线教师只有统筹方法、时间、理论和实践等诸多因素，才可能进入比较理想的解读状态。这就要求一线教师应探索统摄诸多方法的基本原则，形成一套相对完整又能切实指导解读实践的方法论。

　　其一，多法协同。新课标的研制是一个系统工程，时间长达数年。与之对应的是，一线教师也应将对新课标的解读视为一个系统工程，至少要用数年时间。为了全面深入解读新课标，多种方法的协同使用就成为必由之路。例如，"情境"在"语言文字积累与梳理"和"实用性阅读与交流"以及"文学阅读与创意表达"等不同的学习任务群中有不同的要求和体现,正如"理一分殊""月映万川",使用单一方法几似盲人摸象,很难"窥一斑而见全豹"。方法即视角。采用多种方法,有利于走出盲人摸象得出结论的单一狭隘,实现殊途同归,真正把握新课标的核心要义。

其二,先易后难。一线教师的擅长点、兴趣点和薄弱点各不相同,在解读新课标时,可充分发挥自己的优势,按照容易、一般、较难三个等级,对新课标的内容进行切分,做到整体统筹、重点突破、有序推进。先集中精力和时间解读"容易"部分,再对"一般"部分发起总攻,最后破解"较难"部分。在区划难度时,未必是遵循从头至尾的顺序,也可颠倒过来,从尾至头,甚至中间开花也未尝不可。例如"附录 3 关于语法修辞知识的说明"和"附录 4 识字、写字教学基本字表",跟"课程目标""课程内容""学业质量"等部分相比,其范围相对固定,属于语文知识中的基础知识,难度可能就较低。只要行动起来,先易后难,就有希望逐一攻克。

其三,知行合一。对一线教师来说,解读新课标不只是为了知道其文字表述的字面意思和深层含义,更重要的是为了改变教育实践。这就要求一线教师应将新课标的新术语、新概念、新说法等转化成活生生的教育实践,把文字表述的理论设计转化为鲜活生动的眼前现实。解读新课标,要从改变认知到改变实践,就是知行合一。例如,很多教师对"语言运用"耳熟能详,却在课堂教学中"满堂讲灌",根本不给学生运用语言的时间和空间,学生唯剩"听"者一途,"读""写""说"名存实亡;有的教师自己感觉能够理解"核心素养的四个方面是一个整体"(第 5 页),却在写论文或观评课中将其表述为"四大核心素养",在教学设计中将这句话扔到九霄云外,无论是教学目标还是教学过程,都看不到对"核心素养的四个方面"的落实。这就需要一线教师"事上练",如王阳明所说"人必须要去事上练,才能立得住",才能打破行而不知、知而不行、知行脱节的僵局,构建知行互动的闭环。一线教师应借助解读课标,把自己修炼成贯通理论和实践的教育者,知道并做到,做到亦知道，力争达到：实践有做法、阐述有说法、书面有写法，三法合一。

其四，持续改进。解读新课标是一种教学行为、教育行动，或可说是一种行动研究，将语文课程教学应有的样态从理论变成现实，离不开"解读—实践—反思—再解读"的持续性改进闭环。例如，"养成默读习惯，有一定的速度，阅读一般的现代文，每分钟不少于 500 字。能较熟练地运用略读和浏览的方法，扩大阅读范围"。（第 14 页）我们可以这样持续性解读、改进理解：

初读感悟：1. 一般现代文，主要指报纸、杂志等媒介上的新闻、通讯、散文等，而学术著作的节选则不在此列；2. 默读习惯，是靠速度支撑起来的，是可以量化检测的。

再读感悟：1. 阅读速度的提高，是通过略读、浏览这样的阅读方法训练来实现的；2. 略读、浏览，不是逐字的阅读，而是基于几句话、几行文字、一段话等一定范围来抓取关键词句、把握大意。

在接受阅读方面专题培训或自学阅读方面专著后，重新解读课标：1. 集中一段时间，指导同学们计时阅读，例如"三分钟阅读"并用一句话写出大意，检测阅读速度是否达标、阅读质量状况；2. "扩大阅读范围"实即"扩大视距"，在横向维度上扩展视距宽度，在纵向维度上扩增视距高度，可尝试构建"视距金字塔"；3. 可将文章图式引入阅读教学，训练议论性文章、记叙性文章等体类的阅读图式，借助阅读图式训练提高阅读速度和阅读质量。

通过持续性的选点精读、多轮性的全册通读，先完成再完美，阅读行动至上，就能较快地实现对新课标解读的迭代升级。

其五，兼收并蓄。一线教师、教研员、新课标研制者等，都有解读新课标的权利，但他们各自的立场、视角和经验都不相同，造成解读风格各异：有的注重理论自洽，有的追求实践运用，有的擅长类比解说……这给主动解读新课标的一线教师带来了困惑和烦恼，究竟应该听谁的？客观地说，应当听从学理的。找到课程的逻辑、教学的逻辑、课堂的逻辑的交集，据此审视自己所持见解的学理依据，然后分析他人所持见解的学理依据，让自我和他者站在同一个逻辑层面上对话，存在分歧时尊重他者解读、理解他者的逻辑，最大程度实现人我融通。例如，"构建学习任务群"，具体地说应如何构建呢？特级教师王岱以"战国四公子"专题学习为例，阐述分梯度任务设计："筛选整合信息，理解文本的基本内容""评价人物，锻炼书面语言表达能力""梳理、探究，发现、创新"；前两个梯度的任务侧重语文核心素养中的"语言建构与运用""审美鉴赏与创造"，第三梯度的任务则覆盖语文核心素养的四个方面。特级教师褚树荣提出"微专题开发主要通过'基于单元'和'课程重组'两种途径，无论哪种途径都是对新课标中的任务群教学的落实"，并列出微专题序列表。例如上册第一单元：1. 诗歌的意象和情感；2. 小说的形象和情感。第二单元：3. 古典诗歌的体裁特点；4. 古诗的音乐描写艺术；5. 宋词的豪放与婉约；6. 古诗词中的典故运用。对比即可发现，同样是设计言语实践活动促进学生学习语言文字运用，但前者偏重于文本所写内容，后者侧重于文本的写作艺术，构建学习任务群的理路是有一定差异的。这给一线教师带来启示："运用脑髓，放出眼光"，兼收并蓄，取其精华，为我所用。面对既有的优秀成果，一线教师不一定都要样样从零开始探索，批判地吸收并改造，这是十分必要的。

7. 读懂教材的编写体例是必修课

教材，是学生学习语文的凭借，也是教师教学生学习语文的凭借。教材，常常也被称为课本，意思是一课之本。一课之本，就语文而言，就是语文课的根本。或许，这样的说法有些言过其实，但其重要性亦可见一斑。读懂教材，是教师备课上课的基础。教材体现着国家意志，贯彻着国家关于学科育人的目的和意图。只有读懂教材，才能用好教材。

读懂教材，首先要弄清教材的组成部分。比如统编初中语文教材，基本上按照单元来编写。其中，阅读教学的单元，是最常见的单元，也是数量最多的单元，其他类型的单元则是综合实践活动、口语交际等单元。通常来说，一个单元分为单元导语，接着是若干课，或一课一文或一课两文，或一课多文。在课文前、文题下设有"预习"之类的文字，在课文后则有"思考探究""积累拓展"以及"读读写写"等板块的内容。"写作"这部分内容，通常出现在一个单元的末尾。其训练的重点，往往是本单元学习的重点，例如篇章的文体、章法、修辞手法等。

读懂教材，对每个组成部分的特点，需要深入细致地研究并揣摩，甚至要总结出一些规律性的认识。

单元导语，有着明显的格式特点，呈现出两段式的布局。这可以参看七上第一单元导语，具体内容如下：

日月经天，江河行地，春风夏雨，秋霜冬雪，大自然生生不息，四时景物美不胜收。本单元课文描绘了多姿多彩的四季美景，用文学语言营造了富有诗意的情境，抒发了古往今来人们亲近自然的情怀和对生活的丰富感受。阅读这些课文，可以让我们感受到自然的美妙，生活的醇美。

学习本单元，要重视朗读，在朗读中感受语言的美。要把握好重音和停连，体会声韵和节奏；边谈边想象文中描绘的画面，领略景物之美；注意揣摩和品味语言，体会比喻和拟人等修辞手法的表达效果。

仔细研读，就可发现前段侧重于主题，后段侧重于语文的知识和技能。每个阅读教学的单元，基本都是这样的编排，体现了"双线组元"的结构特点。

"一线"是主题，一册乃至多册教材形成了序列化的人文主题；"一线"是语文的知识和技能，一册乃至多册教材形成了可进阶的素养图谱。例如上述单元，其主题就以"亲近自然、热爱生活"来概述，其语文知识和技能，则包括重音和停连等朗读的知识以及相应的能力，比喻和拟人等修辞手法的知识以及相应的鉴赏能力，想象的能力等。

课前的"预习"，也有相对固定的格式。不过，其"相对"在于因文而异，课文不同，其"预习"部分的文字侧重点也不同。七上第1课《春》的"预习"提示如下：

◎春天展现美丽的世界，春天带来崭新的希望。很多文人墨客喜欢描绘春天，赞美春天。你读过哪些描写春天的诗文？这些诗文给你留下了怎样的印象？回忆一下，准备在课堂上与同学交流。

◎这是一篇散文，又像一首诗。朗读课文，张开想象的翅膀，在头脑中再现文中描绘的春景，感受大自然的蓬勃生机。

比较两段文字，就可发现：前者侧重于课文的内容或主题方面，目的是激起学生学习课文的兴趣；后者侧重于课文的文体、写作艺术特色，目的是引导学生关注文章的写法，对教师教学作出一定的提示，应当关注课文是如何表达的，训练学生鉴赏能力或向课文学表达。

"预习"的两段文字，还有其他的一些侧重点，涉及课文的时代背景、情感基调以及相关知识和技能等。例如七下第2课《说和做——记闻一多先生言行片段》的"预习"，是这样的文字：

◎闻一多既是充满爱国热情的诗人、学者，又是伟大的民主战士，毛泽东同志评价他"拍案而起，横眉怒对国民党的手枪，宁可倒下去，不愿屈服"。读课文，了解闻一多的事迹。

◎本文的作者也是一位诗人，他的语言精致凝练，富有诗意。阅读时，注意体会这个特点。

前者的侧重点是课文的内容方面，涉及生平经历、人物形象和他人评价等；后者的侧重点是课文的语言，指出了语文学习训练的重点，即语言特点的知识以及相应的鉴赏能力。

课后的"思考探究""积累拓展"，以任务、问题或图表等形式，加强训练学生运用语文的知识和技能。"思考探究"设置的任务或问题，一般是三四道；"积累拓展"设置的任务或问题，通常是两三道，两者合计基本在五道左右，多数不超过六道。

关于"思考探究"，八上第6课《藤野先生》的相应内容如下：

一　本文是一篇回忆性散文。看看文章记录了作者留学过程中的哪几件事，试为每件事拟一个小标题。

二　阅读课文中作者与藤野先生交往的部分，说说为什么他"在我的眼里和心里是伟大的"。

三　本文题为《藤野先生》，可是作者还用了大量篇幅写和藤野先生无关的见闻和感受，你认为写这些内容有什么作用？

三道题，分别涉及至少三种能力：对原文内容的概述能力、对重要语句的理解能力、对文章写法妙处的鉴赏能力。除此之外，有的还涉及对重要字词的理解能力、对因果关系的推理能力等。

关于"思考·探究·积累"，七上第9课《从百草园到三味书屋》的具体内容如下：

四　朗读并背诵第2段描写百草园的文字，完成练习。

1. 这一段描写景物，有近景，有远景；有静态，有动态；有视觉、听觉，还有味觉。百草园的一切，在少年鲁迅的心目中显得那样生机勃勃，情趣盎然。试据此简要分析这一段景物描写的方法。

2. "不必说……也不必说……单是……"中，哪个内容是强调的重点？前两个"不必说"在表达上有什么作用？

3. 仿照这段文字，描写一处景物，用上"不必说……也不必说……单是……"这个句式，并注意合理安排描写的顺序，运用多种描写方法。200字左右。

五　文中那个活泼可爱、尽情玩耍的小鲁迅宛在眼前，你看到文字后面那个拿笔写作的"大"鲁迅了吗？你觉得这个"大"鲁迅是带着怎样的情感来写本文和《朝花夕拾》中其他文章的？请结合本单元后的"整本书阅读"栏目的相关内容，谈谈你的认识。

这两个任务，主要涉及朗读、仿写、鉴赏等能力，向语文教师提示了教学的方向和资源。一是，语文教师应当依据什么目的精选课文内的用件，当作课堂教学的资源，教材编者提供了可供参考的范例，突出了应用性、训练性；二是，语文教师设计作业应当依据什么标准来设计，当作学生课后巩固与提高的资源，教材编者提供了具体可学的样例，突出了实效性、典型性。这为语文教师设计精准作业训练，拒绝题海战术，进行了探索和示范。

教材内还有注释、补白、知识链接等组成部分，涉及一些语文的知识和技能，也都值得重视。这些部分对教师确定教学目标及其重难点，是有一定帮助的，也应当研读一番，力争在课堂教学或课后作业中有所体现。

8. 解读课文的基本操作

当前，语文教材最大的特点是文选式教材。课文是语文教材内容的大宗。学会解读课文，是语文教师必须修炼的功夫。

解读课文，实质是读懂课文，读懂课文的内容和主题，研判或探析课文的文体、章法、段落、语句以及字词等方面的运用方法、运用效果和运用理据。在此基础上，透析并挖掘深蕴课文中的知识和技能，以便精选合适的资源设计成教学活动，训练学生学习语文知识和技能，进而形成语文学科核心素养。这是语文教师开展备课或教学设计的必经之路。

由于课文是一篇篇的文章，语文教师很难一眼看出深蕴其中的语文知识和语文技能，这就要求语文教师先要读懂课文内容和主题，再去挖掘并提炼语文知识和语文技能。这对语文教师解读课文，已经潜在地作出了程序或层次上的规定。对此，语文教师无法倒置，在实际操作中也不能颠倒。依据这一潜在规定，解读课文可以形成一套相对简便的基本架构和能够具体实操的解读技能。

解读课文，需要理念和理论，但更需要能够实际操作、循序好用的方法。其操作的基本架构：第一层是"课文写了什么"，第二层是"课文怎么写的"，第三层是"课文为什么这样写"，第四层是"怎样学会这样写"。语文教师可用自我提问的方式，在每一层上采用深耕细作的技术，倒逼着自己作出回答，把解读课文的工作推向纵深，达到由浅入深、层层深入、炼制知识和技能的效果。

其一，课文写了什么？一般来说，文体和主题决定了所写的内容。就记叙文来说，就是写了什么人、什么事，无论是小说，还是日记，或者是记叙性散文，概莫能外。甚至是戏剧作品、诗歌作品，因其叙事性突出，也可如是观。就议论文来说，就是写了什么观点、什么证据、什么逻辑，无论是演讲文，还是立论文、驳论文，或者是议论性散文，大抵如此。甚至是充满哲理性的诗歌作品，由物及理、论从事出，也颇为类似。

像《从百草园到三味书屋》，作为回忆性散文，就写了作者在"百草园"和"三味书屋"的不同生活，实际上也是作者的两个时期或人生阶段的生活。认识至此，每个阶段有着怎样的经历或故事，那就方便概括了。像《我为什么活着》是罗素的哲理性散文，由于提出了问题，文章就有相应的思考，这些思考蕴涵着观点，还有相应的理据。研读"课文写了什么"，不是终极目的，终极目的是炼制课文中蕴涵的知识以及透析课文中蕴涵的技能因素，以便精选相关资源设计教学。

其二，课文怎么写的？通常来说，文体决定写法，写作意图也决定写法。暂且先说前者，把后者放在下文来说。诗歌有诗歌的写法，小说有小说的写法，各自的写法有着比较明确的边界，读者一眼就能看出差异。但是，偶尔也有打破文体的写法，比如有些小说写得像散文或者诗歌，有人将其称为诗化小说。这毕竟是少数，大不了追索两种文体的写法的交集，围绕文本的特质而挖掘出深蕴在课文中的知识和技能。

像《背影》的写法，开头段是："我与父亲不相见已二年余了，我最不能忘记的是他的背影。"然后，第二段以"那年冬天，祖母死了……"开始，采用倒叙的写法，之所以如此，就是由其是回忆性散文决定的。再看题目《背影》，哪能只是写在当下的现场所看到那一刻的背影呢？多数时候的背影，是在以前看到的，这才是合理的。再如《白杨礼赞》，作者开篇就说并单独成段："白杨树实在是不平凡的，我赞美白杨树！"在文中多处出现类似的语句："那就是白杨树，西北极普通的一种树，然而实在是不平凡的一种树！""这就是白杨树，西北极普通的一种树，然而决不是平凡的树！""白杨不是平凡的树。"值得注意的是，前两句都是单独成段的，最后一句则是倒数第二段的首句。这样的写作安排，显然是一种独特的写法，也可以说是反复，但从章法上来说，其实就是形成文脉贯穿全文。"反复""文脉"等相关的知识以及相应的鉴赏能力，一旦被确定，语文教师就可以对学生进行训练。

其三，课文为什么这样写？这关涉作者的写作意图，主要指课文在写内容时所采用的顺序、详略、主次、修辞手法、表达方式等背后，有着一定的目的和用意。作者或课文为什么这样写，而不是那样写或别的写法，这样写有着什么用意呢？这些都值得揣摩思考，唯其如此，方能将学生对课文的学习从表层内容推向深层肌理。

像《白杨礼赞》这篇课文的写法，就明显渗透着作者意图，特别是这样两个单句成段之处："那就是白杨树，西北极普通的一种树，然而实在是不平凡的一种树！""这就是白杨树，西北极普通的一种树，然而决不是平凡的树！"细心揣摩两句的开头"那就是……""这就是……"，两者可以调换一下吗？有什么道理吗？归根结底一句话，作者的创作意图在管着呢！创作意图是什么呢？作者是由远到近，由面到点，逐渐走向深入，一层一层地走近白杨树，最终聚焦在白杨树上。说到聚焦，那就可以分析作者的写作意图对各式各样素材的淘洗、过滤和加工。像朱自清先生的《背影》，其实就是写父亲的形象，写父爱的主题，这样的诗文从古至今并不鲜见，但是鲜有以背影为重点来写的。作者就把自己对父亲的各种情感以及理解，聚焦在父亲的背影上，作为统摄全篇的核心之点。文章中多次出现背影，但每次写法都不相同，这又何尝不是作者的精心安排？

其四，怎样学会这样写？在阅读教学中，能够抵达这一层次的教师并不多见，实际上篇篇课文都要引导学生学习写法，既不现实也无必要。那么针对一些需要重点学习的课文，我们应该如何引导学生学习作者的写法呢？从字词句段篇这样的结构单位逐层入手，可以找到与之相应的语文知识和语文技能，或者是可以明确表述而又可以实际操作的写作方法，将其作为训练学生学习课文写法的有效抓手。

像《从百草园到三味书屋》这篇课文中的句式"不必说……也不必说……单是……",像《白杨礼赞》这篇课文的句式"当你……难道你……? 难道你……? 难道你……? 难道你……?"还有像《我为什么活着》这篇课文的章法,开篇写道:"对爱情的渴望,对知识的追求,对人类苦难不可遏制的同情,这三种纯洁而无比强烈的感情支配着我的一生。"中间三段分别写道:"我寻求爱情,首先是因为爱情给我带来狂喜,它如此强烈以至我经常愿意为了几小时的欢愉而牺牲生命中的其他一切。""我以同样的热情寻求知识,我希望了解人的心灵。""爱情和知识,尽其可能地把我引向云霄,但是同情心总把我带回尘世。"这三段话所写的侧重点,何尝不是按文章开篇的既定顺序,逐一而写呢? 尾段作结:"这就是我的一生,我觉得我活着值得。如果有机会的话,我还乐意再活一次。"这样的写法,体现了总分总的章法,何尝不是学生写议论性散文或议论文所应当学习借鉴的呢? 词式词法、句式句法、段式段法、篇式篇法等,都可以作为学习和训练的抓手。

对课文开展四个层次的解读,犹如农人对土地的耕作,每一轮耕作都有相应的收获,并且逐层深入,容易理解,可以迅速上手操作。当然,这并非完美的课文解读框架和操作技术,亦非为追求深刻而故意采用某些理论,以致超出学生乃至大多数教师认知的范围与能力,而是为了将课文解读的程序、框架和基本技术练熟,引导学生学会这样解读课文,成为一个能够透过课文所写内容,看到课文写法及其妙处的阅读者,或者准专业解读者。

9. 备课应该"死去活来"

每当执教观摩课、参加同课异构后，总是会有老师问这问那。其中，大家提问最多的问题是：这堂课这样设计，你是怎么想到的？你为什么这样设计？说到底，大家所问的核心就是备课，如何备课。

关于如何备课，当下流行的说法是备教材、备教参、备教法、备课标、备学法、备学生、备学情、备课件、备人生……凡此种种，备得太多，带来的问题是：在一节课里，教师能够这样全面照应、四通八达吗？我以为，教师备课要备如此之多，却唯独忘了备自己，实在是"我们已经走得太远，以至于忘了当初为什么而出发"。就语文学科而言，在备课的所有工作当中，最重要的就是教师备自己。离开备自己，其他一切的实施必然缺乏主体和基础。那教师究竟该如何备自己呢？答曰四个字："死去活来！"

"死"就是下死工夫，把基础打牢，需要做到三点。

第一点，基础知识要记死，务必准确。在讲课中，基本的知识点一旦出现错误，损失不可弥补，尤其是让学生指出来，那是相当难堪的事情。这样的次数多了，教师还想在学生面前树立权威，拥有自己的尊严，赢得学生的尊敬，几乎不可能。因此，教师备课务必在基础知识方面下苦功。

在一次同课异构活动中，课文是《再别康桥》，一位新教师说徐志摩到康桥访学是缘于狄更斯的推荐，而且用课件呈现出狄更斯的作品《雾都孤儿》《大卫·科波菲尔》。全部结束后，到了评课时，我用手机百度一下狄更斯，请她看狄更斯的生卒年月"1812年2月7日—1870年6月9日"，她顿时惊得目瞪口呆。我说，你看看徐志摩是20世纪的人，狄更斯是18世纪的人，两人相错一二百年，以后可不能再有这样"关公战秦琼"的事情了。当时，徐志摩在英国交往深入的学者应当是罗素，这一点你可以回去查查。课堂上类似这样的现象有很多，一些老师本想"学识渊博"，结果苦心经营的亮点却成了自己的滑铁卢，根本原因就在于备课中基础知识备得不牢，基础知识不准确。教师课堂教学中的失误，如果追根溯源，大都追到备课这个根子上；反之亦然。

第二点，课文要熟读熟记，务必勾连。新手和熟手之间的差距，首先是对课文熟悉程度上的差距。熟手可以做到不拿教材，新手往往眼睛盯着教材，就没有心思和精力观察学情，跟踪学情的变化。如果语文教师对一篇课文不读上几遍十几遍，就敢去写教案，甚至就敢登台讲课，是不是也太胆大了？语文教师不能只满足于记牢知识点，还应该熟悉所教文章的情理和脉络。教师只有熟读文章，深深地理解文章本身的逻辑，才能形成一种教学的逻辑，化课文内容为教学内容，实现环环相扣，击头而尾应，击尾而首应，击腰而首尾皆应。

在一次全校分学科的赛课活动中，语文组的一位青年教师听了一位老教师的课，由于深受老教师的感染，最终导致自己课堂教学方寸大乱。由于情绪、思路和节奏被打乱，这位新教师只好念课件。原本是应该为教学现场和眼前学生进行服务的多媒体课件，一下子成了教学的中心，教师成了课件的播报员，学生彻彻底底地变成了课件的观看人，课堂教学如此还谈何生动、活泼、高效？很多时候，教师课堂教学无趣、无味和无聊，就源于教师对所教内容不熟悉，没有真正掌握其来龙去脉之脉理，没有据此形成可用于课堂教学的逻辑。

第三点，教学资料要牢记，务必丰富。教学离不开资料，需要广泛占有，然后精挑细选。也就是说，只有博观约取，方能厚积薄发。课堂教学要有厚重感，尤其语文课，更要充满浓郁的文化气息和浓浓的诗意，这就需要教师对各种资料力求"一网打尽""竭泽而渔"，才有可能让一节课变得丰厚而不贫乏。

面对一篇课文，怎样做到占有资料丰富呢？以执教周邦彦的《苏幕遮（燎沉香）》为例，笔者先后搜集《宋史·周邦彦传》《人间词话》《唐宋名家词选》等十多种论文、书刊等文献，梳理周邦彦的少年生活、青年求学和中年际遇等内容，探究其词风、词学观以及诗词成就，实现讲课前的"厚积"。备课资源的丰厚来源于两个方面：一是自己勤，做个有心人，常年坚持搜集；二是途径多，到处都寻找，网络、书店、图书馆、研讨会都留意。

"活"就是要追求灵活，活泛自我，也要做到三点。

第一点，知识要用活，用成课眼的血肉。一堂好课需要有课眼，就像诗有诗眼、词有词眼、文有文眼一样。一篇课文牵涉的知识很多，甚至方方面面，如果不能用一根主线像串珠子一样把它们串起来，将会七零八落，在短短的四十分钟左右的时间里，是很难理清头绪的。教师在备课时，应特别留心那些超出学生理解能力、想象能力、人生阅历、知识基础的内容，使知识智慧化、生活化、情感化，最终变成孕育一节课课眼的土壤。

执教《沁园春·长沙》这首词，我几乎没有华丽而煽情的导语，而是在黑板上写下了几个词语：风华正茂、书生意气、指点江山、激扬文字、粪土万户侯。接着就问：大家知道这些词语是形容谁的吗？学生答：毛主席、毛泽东。我点拨：回答正确，确实是毛主席用来形容自己的；可是也不正确，因为他说的是同学少年，形容的是一群人、一类人；此外，我觉得还可以形容同学们，难道你们不是风华正茂、浑身充满朝气的一群人吗？然后，引领学生探究"书生意气、指点江山、激扬文字、粪土万户侯"所对应的时代风云和具体事件，毛主席当年的人生轨迹似乎活现在大家眼前，学生一下子就融入到学习中。

第二点，课文要读活，读出作者的灵魂。课文是作品，作品都是作者心血、情感和思想的结晶，经典的诗文无不被打上作者深深的烙印。古人说，读透作品，就要以意逆志，读其文其书，想见其为人。虽然作者生活的时代，距离今天可能已经发生天翻地覆的变化，但是人性的本真、人生的真善美、人生的追问、人生的苦难与解脱、终极的追求和关怀等等并没有发生根本性的改变。这完全可以让我们从内在情感、人性和人生根本之道上去溯源，探求作者的心志情怀，体悟其人生的兴欢喜乐、哀痛忧叹。

李煜的《虞美人》是首经典的词作，作者在其中寄予了深深的情感，如何咀嚼词句而知情味，实在不易。为了执教这首词，我时常吟诵、歌唱，并进一步掌握了吟诵的知识和技能，认识到所有一切读法关键在于"读出心来"：口诵心惟，眼前若有人。最终，在课堂上我将这首词唱诵出来，上课的学生和观摩的老师都报以热烈的掌声。特级教师黄玉峰先生在《黄雀养生记》和《教学生活得像个"人"——我的大语文教学》中曾谈一个青年教师怎样备好课，最大的技巧就是提前一个月左右把课文每天读两三遍，每隔三五天写一篇鉴赏性的文章，每次只选择一个角度，一旦上课，课文如在眼前，教学游刃有余。诚哉斯言！

第三点，理论要学活，化成自己的见解。语文教师面对文本，如何解读，如果只有感性的认识，没有任何理论的观照，就难以将学生引向文本深处。然而，在很多时候，我们的困境不是缺乏理论，而是缺乏运用理论的智慧和灵活。孙绍振先生说，任何一种批评或者研究的方法，都需要经过我们本土经典的检验，才能获得理论上的真正活力。因此，我们只有领悟理论的精髓，活学活用，像把玩一件器物一样，才能拥有自己的见解，而不是去生搬硬套。学习理论、运用理论，其实跟教师掌握课文精髓、运用课文教学学生的原理近似，"须先熟读，使其言皆若出于吾之口；继以精思，使其意皆若出于吾之心，然后可以有得也"。经常操练，反复使用，不断思考，逐渐内化，最终成就新的自我，实现理论的个人化。

如何让学生梳理《氓》这首诗的情感脉络、探究其思想，激发学生学习的主动性、探究性和实践性？在读美学理论和美术史方面专著的时候，我受到潘诺夫斯基的《视觉艺术的含义》和阿莱斯·艾尔雅维茨的《图像时代》所提出的读图理论的启发：图像具有思维性、逻辑性和社会性。在《氓》这首诗的研读、备课过程中，我产生了灵感，决定采取别开生面的教学法。我和学生一起按照《氓》这首诗的诗节，以画学诗，借图说文，逐节画图；再依据课文字句评说，看谁画得快、画得形象生动。最终，我们师生反复研读《氓》这首诗，通过桑树、桑叶的变化轨迹这种系列性图画，品味到了一个女子容颜的变化、爱情婚姻情感的变化轨迹，以及字句的精妙，最终也理解了《诗经》的赋、比、兴这种写法的妙处。

备课，千备万备，最终要备自己，让自己厚积基础，薄发新我，实现教师、作者、编者、文本和学生的多重对话，追求师生和作者之间的心灵共鸣。或许，"作路""编路""教路""学路"形成"四路统一"，方可演绎出优质的课堂教学。

10．课堂教学目标的研制

对于课堂教学来说，上课就是任务，但是，上课究竟想要取得什么效果，就要看上课的教师追求什么样的结果、实际上达到了什么样的效果。课堂教学的最终结果，其实就是我们课堂教学最终所达到的目标。因此，重视课堂教学目标，研制科学而合理的课堂教学目标，是语文教师上好课的基础。

课堂教学目标具有导航作用，导教、导学、导测评。然而，课堂教学目标的研制并非易事。尤其是语文，比其他学科还要多一个环节，即：语文教师要把教材课文中隐含的教学内容，通过研读课文文本、编辑意图、课程标准等程序挖掘出来。在某种程度上，课堂教学目标的研制有其基本的操作流程和规范要求。一线教师实际备课，往往将研读教材作为第一环节，接着是解读课标、注重学情、考虑师情等环节。这是为何呢？大家都说以标定教，那不该把课程标准的解读作为起点吗？这是因为一线教师先研读教材，会更方便地判断出教材选文的文体和主题以及教材编者的编写意图，再有目的地寻找语文课程标准的相应部分，这样更准确、更快捷，也更能节省时间和精力。

第一个环节：研读教材。

研读教材，根据教材的内容板块或组成部分，逐一进行研读。从单元导语、课前预习提示、课后练习、补白等入手，研究其蕴涵的教学目标以及教材编者意图。以七年级上册《春》这篇课文为例，可以这样研读教材：

研读单元导语和课前预习提示，应找出两者的相同点或相似之处，将其作为课堂教学目标的来源或出处。因为这是教材编者对课堂教学目标所作的预期或提示，对一线教师如何上好这篇课文，至少表达了一种预期的方向或重点。我们可以将单元导语和课前预习提示乃至课后练习并置，反复研读其通同之处。

第一单元"导语"	课前的"预习"提示
日月经天，江河行地，春风夏雨，秋霜冬雪，大自然生生不息，四时景物美不胜收。本单元课文描绘了多姿多彩的四季美景，用文学语言营造了富有诗意的情境，抒发了古往今来人们亲近自然的情怀和对生活的丰富感受。阅读这些课文，可以让我们感受到自然的美妙，生活的醇美。 学习本单元，要重视朗读，在朗读中感受语言的美。要把握好重音和停连，体会声韵和节奏；边读边想象文中描绘的画面，领略景物之美；注意揣摩和品味语言，体会 比喻 和 拟人 等修辞手法的表达效果。	◎春天展现美丽的世界，春天带来崭新的希望。很多文人墨客喜欢描绘春天，赞美春天。你读过哪些描写春天的诗文？这些诗文给你留下了怎样的印象？回忆一下，准备在课堂上与同学交流。 ◎这是一篇散文，又像一首诗。朗读课文，张开想象的翅膀，在头脑中再现文中描绘的春景，感受大自然的蓬勃生机。

课后练习

思考·探究·积累

一　在作者笔下，春天就像一幅幅美丽的图画。有感情地朗读课文，看看课文描绘了哪些春日图景？你最喜欢哪一幅图画？说说你的理由。 二　课文读起来富有童趣，又带有诗的味道，清新，活泼，优美。你有没有这样的感觉？试找出一些段落细加品味，并跟同学、老师分享你的体会。 三　作者把春天比作"刚落地的娃娃""小姑娘""健壮的青年"，你怎样理解这些 比喻 ？你还能发挥想象，另写一些 比喻句 来描绘春天吗？	四　朗读下列语句，注意重音和停连，并想象各句描绘的情景，说说加点语句的表达效果。 1. 盼望着，盼望着，东风来了，春天的脚步近了。 2. 小草偷偷地从土里钻出来，嫩嫩的，绿绿的。 3. 野花遍地是：杂样儿，有名字的，没名字的，散在草丛里，像眼睛，像星星，还眨呀眨的。 4. 看，像牛毛，像花针，像细丝，密密地斜织着，人家屋顶上全笼着一层薄烟。 五　背诵全文。

根据上表，单元导语、课前预习提示和课后练习具有互文性，蕴涵着教学目标及重难点。单元导语对教学做了提示：描写景物之美的文字，用朗读的知识和技能来传达景物之美，是教学的重点。课前预习提示的方向和重点是：联系学生已积累的描写景物之美的古诗文等最近发展区，用朗读的方式传达景物之美。课后练习则对课文中应当着力关注的具体部位或语段做了提示：描写春日图景的语段，应当以朗读教学为重点；选择一些富有表现力的字词或语句，引导学生品读其修辞手法、句式及声韵等表达效果。这些信息，教师需要认真研读，圈画重点，在揣摩教材编者意图的基础上，与研读教材所获得信息进行整合，由此可初步拟写《春》这篇课文的课堂教学目标。按照一个课时，课型为阅读课，具体的课堂教学目标大致如下：

1. 回忆古诗文中描写春天的语句，导入《春》这篇课文的主题和文体。

2. 围绕《春》写景的语段，运用重音、停连及带有童趣的语气进行朗读。

3. 选择课文中重要的字词和语段，说出其描写的景物之美及表达效果。

第二个环节：解读课标。

依据《春》这篇散文的文体，检索《义务教育语文课程标准（2022 年版）》，可以将其定位于学习任务群"文学阅读与创意表达"。

在"学习内容"中的"第四学段（7～9 年级）"，有这样的表述："阅读表现人与自然的优秀文学作品，包括古诗文名篇，体会作者通过语言和形象构建的艺术世界，借鉴其中的写作手法，表达自己对自然的观察和思考，抒发自己的情感。"

该学习任务群的"教学提示"有三段话，在每一段话中可以找到相关的表述，其内容分别如下：

"在主题情境中，开展文学阅读和创意表达活动，引导学生感受文学之美、表达自己的独特感受，促进学生的精神成长。"

"注意整合听说读写，引导学生综合运用朗读、默读、诵读、复述、评述等方法学习作品。……引导学生成长为主动的阅读者、积极的分享者和有创意的表达者。"

"评价应围绕学生阅读文学作品的过程性表现进行。……第三、第四学段，侧重考察学生对语言、形象、情感、主题的领悟程度和体验，评价学生文学作品的欣赏水平，关注研讨、交流以及创意表达能力。"

对上述所摘录的课标内容进行解读，便可发现课堂教学目标是经得起课标检验的：第一个目标涉及主题和相关诗文，跟"文学阅读与创意表达"中的"学习内容"比较吻合，跟教学提示的第一段内容也比较吻合；第二个目标涉及学习方法，其中的朗读以及相关的知识与技能，非常符合"教学提示"的第二段的内容，即用朗读等方法学习作品、成长为主动的阅读者等，契合度很高；第三个目标涉及文学欣赏，跟"教学提示"第三段的内容非常相符。

第三个环节：注重学情。

也就是依据学生的情感、心理、知识、技能和生活经验等最近发展区，对教学目标进行检验或改进。其操作过程，具体如下：

情感和心理的最近发展区是，七年级学生充满朝气，情感较为丰富，以形象思维为主，喜读优美生动的散文。

知识和技能的最近发展区是，七年级学生对朗读并不陌生，像节奏、语速、语气等均已接触或学习，但不是所有学生都能熟练运用朗读效果好，为学习重音、停连等朗读的知识和技能打下了基础。

生活经验的最近发展区是，七年级学生对春天的物候特点有所了解，对春天季节的农耕生活场景可能未必熟悉，可能农村学生尚好，但城市学生就相对隔膜，或许郊游、研学旅行等可以弥补城市学生在这方面的不足。

将学情作为检验的标准，即可发现：《春》这篇课文的三个教学目标，比较贴近学生多个方面的最近发展区，并无严重背离学情之处，可不作大的修改。

第四个环节：考虑师情。

经过了学情这个筛子的检验，教学目标还要经受师情这个筛子的检验。

因为执教者是具体的执行者，选择自己擅长的内容，更有利于发挥执教者的应有水平，甚至有可能超水平发挥。当然，对执教者来说，如果教学目标及教学内容恰好是其短板，那就要作出应对：一是更换或调整；二是补齐短板。

例如，语文教师擅长朗读，第二个目标就可以引导学生学得精彩，朗读的部分和环节就会充满诗意；学生再能跟着老师学到一些朗读的知识和技能，那就会更上一层楼。语文教师不擅长朗读，第二个目标就要采用播放视频或音频的方式，提前备好朗读艺术家们或教材配套的视频或音频，指导学生认真倾听朗读；然而，这跟前一类教师相比，就显得有些机械，不够灵活，其朗读教学环节可能无法进入创造性教学的阶段。当然，还可以降低朗读教学的比重，但决不能删除朗读教学这个环节或目标，因为这是教材编者反复提示的重点，也是课标所明确强调的内容。语文教师不会朗读，或者不擅长朗读，这该怎么办？那就要及时训练自己朗读，及早补齐这个短板。否则，自己的一生都将遭受这一短板的制约。

语文教师在经历这样系列性的操作之后，对课堂教学目标的研制流程就有清晰的了解。在熟悉每个操作环节的基本规范的基础上，"比葫芦画瓢"，积极模仿迁移到其他课文上，开展教学目标的研制。基础较好的语文教师，如是者三，便可熟练操作；基础一般者，五六篇课文过手，也能做得有模有样。

就语文教学来说，课程标准提供了方向和准绳，教材提供了依托和凭借，学情是教学成功的关键，师情是教师可为的基础。按照这样的维度交叉而研制教学目标，逐层逻辑地筛选教学内容，更有利于学生的语文学习真实发生，实现语文教学从"传统三中心"（课堂中心、书本中心、教师中心）到"当代三中心"（活动中心、经验中心、学生中心）的转变。

对语文教师来说，教学设计有术，当从课堂教学目标的研制开始。常言道，熟能生巧，技近乎道。课堂教学目标研制技术，是语文教师的关键核心技术。按照常规流程操作，遵守每个环节的基本规范，"运用之妙，存乎一心"，语文教师便可创生这一关键核心技术。

11. 课堂教学目标的叙写技术

在各个学科中，论起课堂教学目标的叙写质量，也许语文教师的具体用词和语句表述，在实操性方面可能是最差的。因为语文这个学科有其特殊性，除了教学内容需要从教材课文进行开发以外，关键是教学目标所用的动词，像领略、领悟、揣摩、体会、感受、感悟、欣赏等，基本上不具有操作性。无论是学生还是教师，很难对这样的动作进行实施、观察和测量。学会课堂教学目标的叙写技术，知原理、能运用、写得好，借此提高语文课堂教学质量，这是语文教师的应有追求。

课堂教学目标的叙写技术，主要有三个方面，这是语文教师所要思考和追问的关键所在。其一，明确教学目标的承担主体。语文教师需要追问的是，具体实施者是谁？其二，选择能够操作的行为动词。语文教师需要追问的是，行为动词能不能操作？其三，保持教学环节的层进性。语文教师需要追问的是，教学环节构成教学板块，一堂课下来是否形成了层层递进的轨迹？这样的操作流程，呈现出语文教师的教学理念、教学行为和教学逻辑。

一、行为主体的争议和解决

"教"是为了引发"学"、维持"学"、促进"学"，让学习真实发生，日益成为一线教师的共识。所以，由学生来充当教学目标的行为主体，更容易通往学习真实发生之境。例如"让学生默读两遍课文，归纳课文的主题"的教学目标，其表述所隐含的行为主体是"教师"，其原因是"让学生默读……，归纳……"，这显然是由教师发出的动作。这样的表述，可修改为"默读两遍课文，用一两句话说出课文的主题"，这样落实学生作为学习的主体的程度，至少在字面上显得更为直接、鲜明。

事实上，学生在语文课堂中的学习，基本上都是在教师指导下所开展的学习。例如："指导学生运用重音和停连等知识朗读第一段，说出段落的情感基调"和"运用重音和停连等知识朗读第一段，说出段落的情感基调"，前者是以教师为行为主体的叙述，后者是以学生为行为主体的叙述，在课堂的实际操作中可能是一致的，但给人带来的观感却是迥异的。为了避免引起歧义或误解，建议一线教师在具体表述上不使用"让学生……""指导学生……""引导学生……"这样的句式，使自己坚持"学习真实发生"的立场和态度在字面上显得更加鲜明。

二、行为动词的考量和效果

在语文课中，语文教师的痛苦往往是，原本心中想的是这样，但真做起来却是那样。也就是，自己口头说的、手里做的，和自己心中想的，最终走了样。其实，这反映出语文教师的实际操作能力不强，无法做到手随心动、心想手到，最终导致心中所想在落地操作的时候变了样。解决这一问题的关键就是选准动词，使学生的学习行为不仅真实发生，而且要准确发生。

如何选准动词，确保学习真实而准确地发生呢？下面，我们就以七年级上册《秋天的怀念》为例，阐述叙写课堂教学目标所选动词的基本操作要领。在一线教学实际操作中，语文教师研制《秋天的怀念》这篇课文的课堂教学目标，最终会表述成什么样呢？列举三例，或可一窥真实情况。

2022年第40期《初中生世界》发表的《读懂你，读懂"好好儿活"——统编语文教材七（上）〈秋天的怀念〉教学设计》，其教学目标是：

1. 把握文章的感情基调。

2. 品味细节中蕴藏的感人力量。

3. 体会作品中蕴含的丰富情感。

2021年第12期《中学语文教学》发表的《〈秋天的怀念〉教学设计》，其教学目标是：

1. 理解本文"临近小说""接近诗歌"等的特征，掌握阅读散文的基本方法，积累写作经验。

2. 把握全文感情基调，能用合适的语气和节奏有感情地朗读课文。

2017年第7期《中学语文教学》所发表的《〈秋天的怀念〉（第一课时）教学设计》，其教学目标是：

1. 有感情地朗读课文，注意语气、节奏的变化。

2. 通过分析蕴含丰富情感的语句，理解"母爱"的内涵，感受"怀念"的思绪。

3. 联系生活，思考我们要怎样"好好儿活"。

我们对教学设计开展诊断，可先从教学目标的行为主体开展诊断：第一份教学设计，其动词"把握""品味""体会"，可以用在教师身上，也可用在学生身上，至少在字面上不存在违背"学生当学习主体"的硬伤。当然，后面的两份教学设计，其行为动词也是如此。

诊断教学目标所用行为动词的准确性，可以发现：第一份教学设计所用动词有"把握""品味""体会"，第二份教学设计所用动词有"理解""掌握""积累""把握"，第三份教学设计所用动词有"理解""感受""思考"，都是难以具体操作的动词。不妨追问一下：对一个词语的"理解"，就是一种什么样的水平？究竟是说出本义，还是说出引申义，或者是说出象征义？心中明白但却说不出来，叫不叫理解？这样的行为动词所呈现出的学习水平，就显得非常模糊，让人很难判断。"掌握""把握"等动词，也是如此，难以操作，也难以观察和测量。此外，"有感情地朗读课文"也是无法操作的，两位教师都在教学目标中有这样的表述，我们可以吹毛求疵一下：课文本是轻快欣喜的情感基调，我们将课文朗读成悲伤压抑的情感基调，即便情感基调是错的，但这样的朗读也是有感情地朗读课文，绝不属于无感情朗读课文。在某种程度上，语文教师研制叙写课堂教学目标，关于行为动词的斟酌和择用，还有很长的路要走。

选择准确的动词来叙写教学目标，其关键就在于树立一种让行为动作"可视化""看得见"的思维。例如"用一两句话解释某个词语或语句"，而不是写成"理解某个词语或语句"；又如"用三五个关键词概述小说的主要情节，再讲述故事梗概"，就胜于"理解课文的故事情节和发展脉络"。对此，我们按照这样的设计逻辑、做事思维和用词习惯，修改第一份教学设计中的教学目标。围绕动词的更换，凸显其实操性，可以这样修改：

1. 将"把握文章的感情基调"修改为"说出文章的感情基调"，至于学生是用一个词语还是几个词语，是用一个句子还是几个句子，这有其自由发挥的空间。当然，教师根据学情也可将其写得更为具体一些。

2. 将"品味细节中蕴藏的感人力量"修改为"用横线画出感人的细节，解释其感人的原因和道理"，通过"画线""解释……原因和道理"这样的实际操作，基本上就将学生的学习行为做实了。

3. 将"体会作品中蕴含的丰富情感"修改为"用三个关键词写出作品蕴含的丰富情感，并结合语句或段落作出解释"，"写出"是看得见、摸得着的动作，"结合语句或段落"是寻找直接的证据或关键词的来源，"解释"是用口头表达或书面表达的形式，呈现出关键词背后的道理和依据。

经过诊断和修改，在动词选用方面，教学目标就有了质的改变。"把握""品味""体会"等动词，模糊不清，无法准确地用动作进行外显化，现在就能够一目了然，基本上达到了可做、可说、可听、可见的程度和效果。

三、学习进阶的逻辑和操作

课堂教学是一种进程，既是教师"教"的进程，也是学生"学"的进程。这种进程，不仅是时间的进程，而且是教学内容的进程。教学时间是永恒流逝的，保持着一直向前、不可逆转的态势。相比之下，教学内容可能并非如此，但在总体上是一种螺旋式上升或梯级式攀升的态势。据此来看，课堂教学目标内蕴着引发学生学习进阶的逻辑。语文教师叙写课堂教学目标，是应当注重其层进性的。

例如，"把握全文感情基调，能用合适的语气和节奏有感情地朗读课文"，虽然其所用动词值得商榷，但其内蕴着学生学习进阶的逻辑，是应当肯定的。因为把握总体基调，再对局部处理而判断其语气和节奏，是符合人们阅读文章先整体后局部的认识规律。局部是整体中的局部，局部的作用和价值取决于其在整体结构中的位置，这是格式塔心理学所强调的基本原理。

又如，"通过分析蕴含丰富情感的语句，理解'母爱'的内涵，感受'怀念'的思绪"，虽然行为动词的可操作性不强，但却对学习进阶的逻辑有所体现。不过，在语序上，这样的表述还是存在一点问题的。

其合理之处在于，"通过分析蕴含丰富情感的语句，理解'母爱'的内涵"这部分表述的顺序，遵循了人类认识的基本规律和学生学习的心理规律。分析语句可获得感性经验，为理解内涵之类的理性认识，就打下了比较坚实的基础。从认识论的角度看，一个人能够从感性认识阶段上升到理性认识阶段，从具体现象的感受转变为抽象概念的认识，其认识就实现了质的飞跃。此外，这个教学目标的表述，是先从"语句"即文章的局部开始，然后是事关全文内涵的"母爱"这一上位概念，遵循了从局部到整体的认识规律。

然而，令人感到遗憾的是，将"感受'怀念'的思绪"放在这条目标的最后部分，是不够妥切的。从"怀念"和"母爱"的辩证关系来看，"母爱"导致作者"怀念"，"母爱"是母亲给予作者并使作者感受的情感，"怀念"则是作者对"母爱"而形成反馈的情感。从两者的显隐关系来看，文章的标题是"秋天的怀念"，可证明"怀念"是显性的，而全文没有直接使用"母爱"一词，可见"母爱"是隐性的。学生学习课文的主旨或内涵，揣摩并能说出或写出来，对隐性的知识或内容的挖掘，其难度明显高于显性的知识或内容。所以，从学生学习进阶的逻辑考虑，应当将这部分文字置于这条教学目标的中间位置，即通过分析蕴含丰富情感的语句，感受作者"怀念"的思绪，理解"母爱"的内涵。按照这样的顺序，有利于学生的学习步骤化、程序化和阶梯化，但其所用的动词仍是有问题的，不利于学生的学习行为具体化、操作化和可视化，故还有进一步修改和提升的空间。

为了更好地理解教学目标叙写技术，有必要学用教学目标的基本结构格式。我们可以采用"ABCD"的结构，书写教学目标。A 指 Actor，是行为主体；B 指 Behave，是行为动作；C 指 Contation，是相关条件；D 是 Degree，是完成程度。将其综合起来就是，<u>学生</u>用什么<u>动作行为</u>，在<u>什么情况</u>下完成
　　　　　　　　　A　　　　　　　B　　　　　　C
任务到<u>什么程度</u>。这一结构化的表述，有利于语文教师树牢教是为了学、促
　　　　D
进学习真正发生的立场。

12. 课堂教学环节的设计技术

课堂是学生学习的地方，在本质上是师生在特定时空中交集所形成的场境。在表层上，课堂的具体运作是按照时间维度行进的，总是按照课时来划分。然而，在内层上，课堂是按照教学内容来运作的，由此形成了教学进程或学习进程。按照内容维度为主、兼顾时间维度的方式，将一堂课切分为若干个环节，这样就形成了环节化链条。这种操作性技术，可让那些向往诗意和纯真的语文课堂，将浓浓的语文味建立在符合课堂运作规律的基础上。

从课堂环节化的角度看，一堂课通过每个环节的操作，实现循序进阶的效果，就要在备课或教学设计这个阶段做好课堂环节的设计。环节设计不佳的主要表现是缺乏专业性、连续性、进阶性。其根源乃是缺乏课堂教学环节的设计技术。提高教学环节设计技术，是语文教师练好课堂教学基本功的内在要求。就完整的一堂课而言，课堂教学环节具有分解性、操作性、专业性、限量性和层进性。如果一线教师在设计教学环节的时候，能够把握这五个方面，形成一种交汇性，将显著地提升课堂教学质量。尤其是语文教师，能够让语文课堂更具有专业含量，形成一种以技术为支撑而又能够凸显语文气息的课堂品质。

课堂教学环节有大小之分，这是由其时间维度和内容维度所决定的。根据环节的大小，完整的一堂课可分为一级环节、二级环节乃至三级环节。例如，《春》这篇课文的阅读课，就可以分为导入、朗读、仿写、点评等环节，而这样的环节就是一级环节，其中的朗读，还可以分为教师范读、学生跟读、学生仿读、教师点评、学生齐读等二级环节。在某种意义上，课堂教学环节所具有的分解性，使得看似笼统、整体性的课堂教学变得可操作、可细化和可落实。

从课堂教学实践来看，课堂教学环节应当具有较强的可操作性，这是课堂教学环节的生命力之所在。可操作意味着可行，而不可操作则意味着不可行，这对课堂教学环节的设计提出了明确的要求。比较理想的课堂教学环节是，教师示范操作、学生跟着模仿或学习操作，教师的教对学生的学产生引发、维持和促进作用，从而使教师之教和学生之学的互动形成一体化。这给语文教师带来深刻的启示：如果讲解不能引发、维持和促进学生的学，那么，讲解就是无效之教，满堂灌地讲则更是一种学科版的课堂自拉自弹自唱。

课堂教学环节的质量，决定着语文课堂教学质量。这启示着一线教师应当重视课堂教学环节的质量。而课堂教学环节的质量，主要是由其专业性所决定的。因此，提高每一个课堂教学环节的专业性，凸显其学科的特质，就成了当务之急。时下很多语文课堂质量不高，跟其专业性不足有着密切关系。对语文教师来说，提升每一个环节的语文学科专业属性，是提升自身语文教学水平和课堂教学质量的必由之路。

以阅读教学为例，通常会有概括课文主旨或主题的环节，有的语文教师采用讨论法，提出一个问题供学生讨论，而有的教师则采用改写法，比如教学说明文《中国石拱桥》，就可以设计一个改写标题的活动：请学生在省略号那里用词或语句填写修饰语，"……的中国石拱桥"，并说明理由。这样的课堂教学环节，可以动笔写，也可以开口说，当然也可以动笔写完后再作讨论。这样可操作而又具有语文学科特质的环节，对于学生思考能力、书写能力的提高是显而易见的。其关键就在于专业性内涵，再加上可操作性的加持，直接提升了课堂教学环节的质量。

一节课，课堂时间是固定的，学生学习内容的总量也是有一定限度的，这内在地规定了一堂课教学环节的总数。当前的语文教学研究成果表明，从一级环节来看，课堂教学环节的总数以 3—5 个为佳。例如，《卖油翁》这篇文言文的教学，将其课型定位成阅读教学的新授课，一堂课就可以设置这样的教学环节：导入、疏通字词、朗读课文、品析形象、揭示主旨、结语，共计6个教学环节。特级教师余映潮执教的《卖油翁》，给人以深刻的启迪。其课堂操作可概括为五读，实际上也就是5个教学环节：理解字词，感受情味，辨析词义，赏析意味，品析语言。一堂课5个环节，每个环节就是一读，而每一读都有教师所精选的内容，每一读都指导学生读出各自的"味"来。像"感受情味"这个环节，就有目的地精选了"自矜""睨""微颔"等几个关键词，让学生边读边动，角色代入，以形态、声音、动作传神表演，生动朗读，感受情味。这样的课堂不仅趣味盎然，还有助于学生深入理解文本。从徐振维、余映潮等前辈的语文课堂教学实践来看，一堂课最具核心性的教学环节的数量，以3个左右为宜，最少不低于两个环节，最多不超7个。换言之，在一个课时内，语文教师用3个板块架构整堂课，当属最为稳妥。

课堂教学环节，用特级教师余映潮的语文教学主张来说，就是课堂板块。课堂教学应当结构紧凑，而非散碎杂乱，结构化的关键就在于板块化。比如其教学课例《沁园春·雪》（参见《余映潮阅读教学艺术50讲》第四部分"教学思路的设计艺术"），分为三个步骤进行整体品读，具体板块及其操作如下：

第一步，整体理解。学习的主要方式是反复诵读，可以自己高声朗诵，也可与同学们一起进行分合式朗诵，更好的是进行配乐表演式朗诵，在诵读之中体会上阕写景抒情、下阕议论抒情的表达特点，感受词中雄伟瑰丽的景物描写、诗人深厚的爱国主义思想感情和议论百代评说帝王的气魄。这种感受，可以用一句话来表达——

这首词：写景，纵横千万里，大气磅礴，旷达豪迈；议论，上下几千年，气雄万古，风流豪壮。

第二步，分层品析。学习的主要方式是对词的上下阕各层的内容进行朗读、品味与分析。例如，同学们可以这样说：

上阕写景，侧重写空间，展现了北国冬景奇雄壮丽的画卷。

下阕议论，侧重写时间，表现了俯仰古今豪情满怀的气概。

上阕写景，句句都洋溢着热爱祖国江山的激情，令人心气豪爽。

下阕议论，句句用意深刻，表现出崇高而又博大的革命者的胸怀。

"北国风光，千里冰封，万里雪飘"总写雄奇雪景，作者高瞻远瞩，视通万里，大处落墨笔力雄健，几笔就绘出了半个中国。

"望长城内外……欲与天公试比高"由"望"字领起，描写了广袤无垠土地上的壮丽山河，气象雄伟，意境磅礴。

第三步，词句揣摩。学习的主要方式是进行"一句话品析"。同学们可以这样说："千里冰封，万里雪飘"写得好，视野辽阔，色泽净美，动静有致，情趣豪迈。"山舞银蛇，原驰蜡象"写得好，前者舒展柔美，后者奔腾壮烈，动感、美感丰富。"须晴日，看红装素裹，分外妖娆"用得好，它于想象之中表现了北国景色的壮阔、雄健、纯美，赞美的激情溢于言表。

"江山如此多娇，引无数英雄竞折腰"用得好，它承上启下，使词阕浑然一体，给人以严丝合缝、完整无隙的结构美感。

"惜"字用得好，它领起七个句子，表现了作者纵想千年古史、评说封建帝王的超凡气概。"俱往矣，数风流人物，还看今朝"写得好，表达、升华了词的主题。它是深刻的议论，又是豪壮的抒情，抒发了无产阶级革命领袖前无古人的伟大情怀。

以上三步完成以后，这首词就基本上读懂了。在"懂"的基础上再来朗读，感觉又不一样，这时可用"赛读"的方式，更好地演读出全词的节奏、层次、情感、气魄。

为了将语文课上得紧凑、充实，采用循序渐进、逐层深入或螺旋式递升的教学逻辑，是非常有必要的。实际上，课堂教学环节之间的组合和设计，是完全可以做到螺旋式递升或逐层深入的。例如对课文《春》的一级环节进行设计，其思路可以是这样的："朗读一段→品析一点→仿写一处"，就是由读到评再到写的理路，体现着循序渐进的逻辑。

特级教师余映潮认为，语文课堂采用板块式教学，应当因文设计板块。课文有文体的不同，有语体的不同，有长短的不同，有深浅的不同，有教学中的地位不同，我们应针对这些不同而精心运筹，巧妙组合，使各课的教学思路有各自的特色与风采。例如，《紫藤萝瀑布》是精短的散文，可设计"整体感知→整体理解→整体赏析"的教学思路；《桃花源记》是奇美的文言散文，可设计"景美→人美→人情美→故事美"的教学思路；海伦的《再塑生命的人》是朴实的长篇散文，可设计"浏览→感悟→精读→积累"的教学思路；《十三岁的际遇》是优美的较长的散文，可设计"理解一篇→突破一点→记诵一段"的思路；等等。这些简明而务实的板块式教学思路，都体现了层层递进或逐层深入的板块组合逻辑。

即便是同一篇课文，根据学情的需要，也可以构想不同的教学环节组合。当然，教学环节的数量仍以 3—5 个环节为妥，环节的组合力求体现层进性。例如，特级教师余映潮对《卖油翁》一课的设计思路，堪称丰富多彩而又专业务实：三块式——品析、积累、背读；四块式——正字音、明词义、析文句、背全文；五块式——以读课文为线，说词义、译文句、析内容、演情景、背全文；六块式——校读字音、点读字词、译读文句、问读疑难、演读情景、背读全文。语文教师如果能够像余映潮先生这样精思博会，有一套属于自己的课堂教学环节设计技术，语文课堂教学特别是阅读教学一定会灵活多姿、专业有效！

13. 课堂教学活动的设计技术

当前，语文课堂教学低效，至少跟两个因素相关：一是缺少供学生实践操作形成语文核心素养的活动环节，教师一讲到底，满堂灌现象严重，学生只听不动，难以形成教师原本所期望的学科核心素养；二是教师千辛万苦设计并开展的活动缺乏专业品质，学生是动了，但其实践操作却难以形成相应的语文学科核心素养。这两个因素的背后，隐藏着当前语文教师对教学活动不重视、即使重视也不专业的问题。

语文教师真正重视课堂教学活动，不能仅停留在口头层面或者非专业的层面，而应当学习并掌握课堂教学活动的设计技术。惟其如此，方可建构具有专业品质的教学活动，重建语文课堂结构生态，改变或优化教师一味地讲、学生一味地听的局面。对致力于提升课堂品质的语文教师来说，熟练运用课堂教学活动的设计技术，既是实际的工作需要，也是努力的关键所在。

架构一堂课，通过环环相扣的课堂教学环节，可以实现课堂结构化，从而使课堂紧凑而提升效率。若从课堂质量来看，只有提升教学环节的学科专业性，才能提升课堂教学的专业品质。而将课堂教学环节活动化，立足于学生开展活动，采用专业方法组织活动，则是提升教学环节学科专业性的有效途径。

课堂教学活动的特点，跟课堂教学环节一样，同样具有分解性、专业性、层进性等特点。其中，用语文教学专业方法提升课堂教学活动的专业性，是构建教学环节层进式课堂的重难点所在，也是语文教师突破提升课堂教学质量难题的切入点。

语文教学专业方法是什么？究竟怎样区分？其数量又有多少？为了厘清

语文教学专业方法，盘点其数量，我曾经撰写《语文教学专业方法体系论》（参见《中学语文》2021年第34期，又见人大复印报刊资料《初中语文教与学》2022年第5期》），在语文前辈经典课例的启示下，对初中语文统编教材进行了比较深入的研究。

在我看来，语文教学专业方法是基于听说读写贯通思想而培养学生语文学科核心素养的方法。根据统编版初中语文教材，至少可提炼出十八种语文教学专业方法。这些方法具有内在联系，可形成一个互相关联融通的体系。在统编版初中语文教材中，学习任务和具体问题的设计，经常出现多种方法并用的现象。这启示着一线语文教师应综合运用语文教学专业方法，多法融通而形成合力，切实提高语文课堂教学质效。

这十八种语文教学专业方法是：朗读法、缩写法、复述法、仿写法、入境法、选点法、解写法、删改法、比读法、扩写法、默读法、猜读法、造句法、续写法、精读法、批评法、矛盾法、演读法。在每堂语文课中，主要的教学活动或教学板块，可以按照这些专业方法进行审视和设计。当然，每一种方法都有其核心要义和基本操作要领，语文教师应据此开展教学活动的设计及实施。

为了阐述如何运用专业方法设计教学活动，下面以删改法为例，作以解析。特级教师宁鸿彬就曾多次利用这一方法开展教学，留下了一节又一节的经典语文课。

在教学《我的叔叔于勒》这篇小说时，宁先生就设计了这样的教学活动："下面准备读课文，读课文后请同学们做这样一件事情：根据你对课文内容的初步理解，给课文重新拟定一个标题。我说明一下，我们这么做绝不是将原标题废掉，而是做练习。希望同学们发挥自己的创造性，拟出丰富多彩的标题来。发言时说完标题后解释一下更好。听清楚了吗？"同学们发言回答："我拟的标题是《家里人与于勒叔叔》。因为小说主要反映了家里人对他的不同看法，于勒有钱时说他好，没钱时说他不好。""我拟的标题是《期望》。因为课文一开始说于勒糟蹋钱，家里人期望他不要乱花；又期望他离开家人的身边；还期望有钱的于勒能改变家里人的生活状况；在船上看见沦为穷水手的于勒，又期望那个穷水手不是自己家里的那个于勒。"多位同学发言，教师即时点评，这一教学活动非常精彩。

在教学《人民解放军百万大军横渡长江》这则消息时，宁先生依然利用课文标题的改动作为教学活动，课堂效果令人赞叹。具体的教学活动，摘录如下：

师：下面思考这样一个问题：把标题"人民解放军百万大军横渡长江"改成"人民解放军百万大军胜利渡江"行不行？最好结合课文说明自己的看法。

生（19）：我觉得这样改不行。"横渡"是说渡江有一个艰难曲折的过程，"胜利"是说渡江已经完成。

师：发言最好是有理有据，结合课文做解释、说明，这样说服力才强。大家考虑一分钟。（生翻书思考）

生：我认为不能改。因为导语部分用了"横渡"，所以标题也得用"横渡"。

师：能否用这则新闻的内容证明：只能用"横渡"，不能用"胜利"。

生（21）：我认为不能改。因为"至发电时止西路军的 35 万人已渡过三分之二"，还差三分之一，23 日才可渡完。东路军也是 23 日才能渡完。

师：说得不错。请看课文"至发电时止，该路 35 万人民解放军已渡过三分之二，余部 23 日可渡完"，这是西路军渡江情况。"至发电时止，我东路军已大部渡过南岸，余部 5 日可以渡完。"既然至发电时止渡江任务还没完成，那么新闻稿能在标题中出现"胜利"二字吗？

生（齐）：不能。

师：对。新闻必须具有真实性。（板书：真实性）真实性是新闻的特点之一。

师：这则新闻写完了先不发表，等着渡江战役胜利了再发，不就可以用"胜利"二字了吗？

生（22）：不行。因为全国人民正急于了解渡江战役的进展情况，当毛主席及时地把渡江战役顺利进行的好消息告诉全国人民时，全国人民欢欣鼓舞。如果晚发就没有意义了。

师：对。新闻要体现一个"新"字，要及时地把国内外的大事告诉给全国人民。这是新闻的特点之二，即新闻必须具有及时性。（板书：及时性）

围绕着消息的标题，利用删改法开展教学活动，引导学生体验新闻的真实性、及时性的特点，既准确地理解了标题的妙处，也生动地学习了新闻的知识，可谓一举两得。

在教学《七根火柴》这篇小说时，宁先生仍然采用删改法，组织师生教学活动，课堂效果相当出彩。我们可以通过师生对话，感受这一课堂教学活动的精彩。

师：大家能不能继续发挥创造性，根据你对本文内容的理解，给这篇课文重新拟定个标题呢？发言时请你对所拟的标题稍作解释。

生3：我拟的标题是"烈士的遗物"。我所说的"遗物"不仅包括那位战士献出的火柴，而且包括他舍己为人的高贵品质和对党的忠心。

师：你的意思是说那位无名战士给我们留下的既有物质财富又有精神财富。解释得很好，有一定的深度。

生4：我拟的标题是"永恒的火光，永恒的路标"。理由是火柴的光亮是微小的，但点起篝火来会越烧越旺，无名战士的精神就像这火光一样永远在人们心里闪亮。他临终前"只有那只手是清晰的，它高高地擎着，像一支路标，笔直地指向长征部队前进的方向……"这是他用自己的忠心树起的路标。这路标指着前进的方向，指着胜利的方向。虽然无名战士牺牲了，但他用手立起的这个路标，将永远留在人们的心中。

师：你拟的标题很有文采，既生动形象，又含义深刻。大家拟的这些标题都不错，有些还很深刻，抓住了本文的核心内容，这说明同学们对本文已经有了一定的理解。既然你们拟的这些标题都不错，为什么作者却用"七根火柴"作标题呢？请研究一下课文，谈你的看法。

生5：因为"七根火柴"贯穿全文的始终。文章开头写卢进勇非常需要火，在草地这样恶劣的环境中，他的伤口又发炎了，他想："要是有一堆火烤，该多好呵。"而无名战士更需要火，课文说："要是有一堆火，有一杯热水，也许他能活下去。"但是，他说，这是大家的，他请卢进勇把这七根火柴转交给部队。最后写卢进勇赶上了部队，草地上"一簇簇篝火燃起来了"。这些都说明火柴是贯穿全文的。

师：你的话没有说全。你能不能运用学过的语文知识把你的意思总结一下？

生6："七根火柴"是线索吧？

师："七根火柴"是不是本文的线索呢？这个问题我们下节课再解决。

充分运用删改法，围绕标题开展教学，使学生的思考走向深入，避免了教师满堂讲、学生满堂听的填鸭式教学，而成就了鲜活生动的现场生成性教学。这是宁鸿彬先生教学课例给我们留下的一个重要启示。

研读宁鸿彬先生的教学课例，便可发现多次以标题的删改为中心开展教学活动，足见其对运用删改法设计并开展教学活动的重视程度。宁先生认为："学生在提出自己拟定的题目时，教师要求说明理由。由学生为课文重新拟一个题目只是个手段，目的是借这样一种形式，引导他们理解课文的中心。"在我看来，正是由于采用了语文教学专业方法来设计教学活动，在课堂中开展得精彩，这让宁先生的课例具有丰厚的专业品质和持久的生命力。

常言道，窥一斑而知全豹。删改法只是组织或设计教学活动的一种方法，因其内涵和魅力，使课堂教学效果拔出流俗、顿生华彩。其实，复述法、仿写法等语文教学专业方法都可以用来组织或设计教学活动，以便增强语文课堂教学活动的专业性。换句话说，课堂教学活动设计，其关键在于两点：其一，是否采用了语文教学专业方法，是否提升课堂教学活动的专业性；其二，所采用的那种语文教学专业方法是否适切，是否切合学情、文体及写法等情况。

在某种意义上，研读语文前辈以及名师的经典课例，一个重要目的就是解密其"经典"之所在，揭示其教学活动、教学手法之所以专业的秘妙。从语文前辈及名师的经典课和代表课中，我们感受到语文前辈及名师对语文教学专业方法的重视，特别是基于语文教学专业方法开展教学活动的巧妙和匠心，是多么地令人惊叹。沿着这一思路，对于有志于成为专业技术过硬的语文教师来说，充分运用语文教学专业方法，设计并开展课堂教学活动，就是语文教师应当好好修炼的技术。

14. 熟练运用语文教学专业方法

语文教师普遍遭受的困境是：任何人都可以走进语文课堂，几乎所有领导都可以对语文课点评几句，往往还很有道理，上课的语文教师竟无言以对。不过，一旦换作数学、物理和英语等学科的课堂教学，这种现象往往就不复存在。对于这一特殊现象，其背后的原因令人深思。在我看来，语文教学专业方法的缺失或匮乏，是一个重要原因。

外人之所以能够说三道四，根本原因在于内行不内行，行业的专业壁垒不高，根本无法阻挡专业之外的人。而专业壁垒由专业知识、专业方法等构成，这有点像护城墙，保护着墙内的人们，在护城墙很高的时候，就能阻挡着墙外的人越墙入内，但在护城墙不高的时候，就很难阻挡墙外的人越墙入内了。因此，语文课之所以会被专业之外的人指指点点甚至到处撒野，从根本上说，还是因为专业之内的人给了这样的可能和机会。构建语文教学专业方法体系，熟练运用语文教学专业方法，正是提高语文课的专业技术含量，筑高语文教学专业壁垒的一个必由之路。

语文和数学、物理、化学、历史、地理等相比，具有学科的特殊性。这种特殊性在于语文学科的教学内容是隐性的，导致语文教师在教学资源的开发和提炼上耗费大量时间，而且容易出现种种失误。久而久之，这让语文教师无所适从，最终陷入陈陈相因、只靠经验的思维定势。这意味着教师必须经受两个层面的考量：一是教师将隐含在课文中的知识提炼出来，这些知识是否属于学生可学应学必学的知识；二是教师围绕这些知识选择教学方法，这些教学方法是否是语文学科教学专业方法。根据语文教师的实践来判断，这两重考量的结果往往都不容乐观。更重要的是，很多语文教师最终可能陷入了一种循环性的悖论怪圈：究竟是语文学科知识引起语文教学方法不当或不专业，还是语文教学方法引起语文学科知识不当或不专业？这就像"究竟是鸡生蛋，还是蛋生鸡"的问题一样，令人难以理清头绪和逻辑。

以《蒹葭（蒹葭苍苍）》这首诗为例，语文教师究竟该教什么呢？有的语文教师主要是围绕这首诗的情感和主旨打转，讲解诗歌大意和艺术特色，教师"满堂灌"、学生"满堂听"，这在实际中很常见；有的语文教师把重点放在情感和主旨以及手法上，读一读，讲一讲，说一说，背一背，这似乎也不错；还有的老师化繁为简、课脉清晰，一堂课以读代讲，充分指导学生朗诵，适时提问点拨学生，这效果也很好。对此，一线教师很难作出符合学科逻辑的判断，准确定论。

从语文学科的特性来看，在不考虑学情的情况下，上好《蒹葭（蒹葭苍苍）》这堂课，究竟以哪一种为佳呢？当属最后一种。原因是其学生所学的知识，教师所用的方法属于语文教学专业方法，当属语文学科专业知识。而其余的语文课，存在着这样那样的问题，不是语文学科知识不专业，就是语文教学方法不专业，或者是两者兼而有之。

从语文教学专业方法的角度看，最后一种语文课是相当理想的语文课。先看《蒹葭（蒹葭苍苍）》这首诗的课型，其定位是新授课、教读课，可用的主要方法是朗读法。再看教学过程中的具体方法，除了朗读法之外，还可以穿插入境法、缩写法、解字法等其他语文教学专业方法。

比如说，请你用一句话说明你读懂了课文"蒹葭"的标题。学生可以联系课文，也可以总说课文的主旨，或者是复述课文的大意。经此环节，多数学生能读懂课文的基本意思，达到了用几句话概述或复述课文的效果。这实际上是缩写法或复述法的妙用。

比如说，围绕一两个字开展剖析，进一步读懂课文。像围绕"洄"字，教师画图解字，就能指导学生根据图画字形的回旋环绕之状，揣摩出此字内涵的可望而不可即却又困难重重的情感意蕴。学生对课文的深刻理解或深度学习，也就落到了实处。这实际上是解字法的妙用。

比如说，用一两个字评论诗句，引导学生学会赏析课文。教师可提供仿写句式或参考示例，像"美，美在……，美在……，美在……"这样的句式，像"真妙啊！用'溯洄从之'写出了主人公对目标可望而不可即感到困难重重的心理"这样的参考示例，相当于搭建了脚手架，可以降低学生赏析课文的难度。这实际上是仿写法、造句法等语文教学专业方法的妙用。

从所教内容和所用方法的关系来看，内容决定方法，这是毋庸置疑的。但是，在所教内容不够明确的情况下，就有必要以方法勾连内容，将方法作为抓手，抓钩出教师值得教且必须教的内容，在教学内容方面有效地减少认知盲区和择取失误。在语文教师的实践运用中，究竟有哪些方法是语文教学专业方法呢？这可参考本人所著、安徽师范大学出版社出版的《培育语文核心素养的操作方法论》。

事实上，语文教学内容，绝不仅限于文体知识、章法知识等知识，还有语文技能等非陈述性知识的内容。更重要的是，不能仅仅把文体知识、章法知识等知识讲给学生，使学生在听教师的讲解之后，立即记在脑海中或笔记本上，而应当带领学生通过感受体验的方式产生习得收获。例如朗读法、删改法等语文教学专业方法，就能有效地将学生卷入具体的感受和体验过程中，形成具体学习经验，不需要死记硬背，见到类似的课文或现象，也能说出与其相关联的知识，甚至可以上手操作一番。

按照身份的理解，语文教师既是日常生活社会中的人，也是教学专业生活中的人，前者不会涉及较多的专业知识和技能，而后者必须运用较多的专业知识和技能，这是两者的身份不同所致，也是社会日益发展精细分工的必然结果。所以，语文教师应准确定位自己的身份，在从事语文教学过程中自觉地运用较多的专业知识和技能，自觉地将自己从社会人转变成专业人。特别是语文课堂所涉及的知识和技能，其中就有语文教师所必须掌握的语文教学专业方法这方面的相关知识和技能。

一线教师扎根在课堂中，但是课堂教学效果的好坏是有讲究的。在内容相同的情况下，就看谁采用的教学方法更具有专业性和适切性。语文教师是专业人士，应当具备专业人士所应秉持的理性思维，熟练地用语文教学专业方法，进而支撑、勾连语文学科专业知识，以期提高语文课堂教学的质量。

15. 课堂教学的导入技术

就课堂结构来说，导入是一堂课的起始环节，具有渲染气氛、激发兴趣和揭示课题的作用。一堂语文课是否成功，课堂教学导入至关重要，但要将其做好却并非易事。常言道，万事开头难。如果说上课是"万事"，而"导入"则就是"开头"，其"难"便可想而知。"难"就难在课堂教学导入大有学问。在某种意义上，课堂导入是一个技术活。学习并精通教学导入技术，是语文教师练成教学绝活的必修课。

在长期的教学实践中，包括语文教师在内的一线教师，形成了丰富多彩的课堂教学导入。例如，提问式导入、实验式导入、表演式导入、对话式导入、演讲式导入、图画式导入、目标式导入、播放式导入、提纲式导入、比赛式导入、情景式导入等。由于方式、方法、内容和媒介等不同，人们对课堂教学导入的分类也就不同。对课堂教学导入开展分类，有助于我们对课堂教学导入的研究走向深入。然而，在开展分类研究的同时，我们还应当追问：实验式导入和演讲式导入的外在形式、使用媒介并不相同，但这不妨碍实验式导入和演讲式导入都很成功，那么，成功的实验式导入和成功的演讲式导入具有什么共通的规律？如果实验式导入和演讲式导入都失败了，那么，这两者都违背了哪些共通的规律？带着这样的思考，我们对课堂教学导入的研究将会深入很多。

经过大量的课堂观察和研究，特别是研读名师课堂教学或课例实录，对其导入作切片研究，可以发现想要使课堂导入精彩、成功，就必须遵循三个原则——用时短、关联紧、激趣好。这三者相融共生，构成了课堂教学导入的方法论。成功的导入往往体现了这一方法论，而失败的导入往往违背了这一方法论。

用时短，是对时间维度的要求。成功的课堂导入，精练、精短、精湛，其重要的特质就是时间短，不可能像懒婆娘的裹脚布那样又臭又长。事实上，即便是导入的内容非常精彩，所用的时间也不可太长。为什么呢？因为导入的目的是为了学习课文，导入就像一座桥，语文教师要带着学生通过这座桥，快速地从此岸走向彼岸，而不能一直停留这座桥上。如果导入用时过长，那么势必占用导入后应当学习重难点内容的时间。

关联紧，是对内容维度的要求。成功的课堂导入，跟所要教学的内容紧密相关，而不能脱离所要学习的课文、知识和技能。对语文课来说，教材的意图，课文所写的内容，课文的文体、主题和写法等，都可以成为课堂教学导入的关联点或切入点，语文教师应当重视和开发这样的切入点。我们追求成功的课堂导入，就要对具体内容进行拣择和加工，讲究一定的质量，避免产生内容空洞、浮泛等问题。

激趣好，是对心理维度的要求。成功的课堂导入，能够引发学生兴趣和好奇心，使学生产生想要听下去、看下去和学下去的念头。激趣效果好的课堂导入，教师通常会营造使人身临其境的场景，铺排优美生动的语句，展示新奇有趣的图画、表格或故事，达到促进学生情感浸润、代入体验、心理共鸣的目的。在实际教学中，利用插图、表格、手绘、动作、语言等媒介来导入，都可以取得这样的效果。

用时短、关联紧、激趣好，交融共生，构成了课堂教学导入的方法论。我们可以找到名师课例，研读其导入的部分或环节，对这一操作方法论进行核实和验证。例如，于漪老师教学《春》的课堂导入：

师：今天我们学习朱自清的《春》。同学们把讲义拿出来。

我们一提到春啊，你们想一想看，会不会眼前就仿佛展现出阳光明媚、东风浩荡、绿满天下的美丽景色？一提到春，我们就会感到有无限的生机，有无穷的力量！所以古往今来，很多诗人就曾经用彩笔来描绘春天美丽的景色。我们曾经学过一些绝句，现在我问一问大家，杜甫的绝句当中是怎样描绘春天的？〔稍停〕有同学知道吗？——杜甫的绝句，大家想想看。〔学生举手〕

生1：〔背诵杜甫：《绝句四首》之三〕"两个（gè读成 guò）黄鹂鸣翠柳，一行白鹭上青天。窗含西岭千秋雪，门泊东吴万里船。"

师：对吧？〔生（部分）：对的。〕——对的？"两"——什么"黄鹂鸣翠柳"？这里怎么读啊？

生1：两"gè"，不是两"guò"。

师：对啊！两个（gè）。他是从两个黄鹂在青绿色的柳条上鸣唱来描绘春天的美好啊！再想想看，王安石也有一首诗是描绘春天的，这首诗背得出来吧？谁来背背看。有一个名句，想想看。他是怎样描绘春天的？想起来没有？背背看。"京口瓜洲……预备——起。

生（集体）：〔齐背王安石的《泊船瓜洲》〕"京口瓜洲一水间，钟山只隔数重山。春风又绿江南岸，明月何时照我还？"

师：哪一个句子是写春的？

生（集体）："春风又绿江南岸"。

师：哪一个字用得特别好？

生（集体）："绿"。

师："又绿江南岸"，这是从什么角度来写的啊？——从春风的角度。春风一吹，江南岸边就怎么样？

生（集体）：绿。

师：绿——绿满天下！上星期六，××写我们学校的树的时候，用了一个好的句子啊！——"绿满天下"！他就从这儿学来的。很好。但是，绝句，它只有四句，往往只是从一个角度，或者是从两个角度来写的，也就是选取了春天的一个或者两三个景来写春。

于漪老师的这一课堂导入，所用时间是 3 分钟，主要内容集中于古人写春天的诗句，趁势提及并表扬班级学生所写的作文，激发了学生的情感和兴趣，被广大语文教师视为成功的课堂导入的典例。

笔者在参加学校十佳青年教师比赛时，赛课篇目是《虞美人（春花秋月何时了）》这首经典词作，设计了这样的课堂导入：

师：大家都听说过项羽吧？

生：听说过。（齐答）

师：在公元前202年的时候，项羽和刘邦进行楚汉之争的最后决战，被围在垓下。在重重包围的那一夜，项王借酒浇愁，辗转反侧，夜不成寐，最不能舍弃的就是长期陪伴他的虞姬。如果突出重围，那么有可能不仅自身性命难保，而且虞姬性命也难以保证，所以这时候既无奈又悲情地唱了一曲《垓下歌》，大家还记得吗？"力拔山兮气盖世——"

师生（同诵）："时不利兮骓不逝。骓不逝兮可奈何，虞兮！虞兮！奈若何？"

他的这首词充满深深的忧虑和悲情，被他深爱的虞姬听到了，捕捉到这敏锐的信息。所以，为了避免成为项王的后顾之忧，她就深情地和了一曲，和曲的名字就叫作《和垓下歌》，原文是这样的："汉军已略地，四方楚歌声。大王意气尽，贱妾何聊生！"她不愿成为他的累赘，宁愿自刎而死，和罢，拔剑自刎而死。当鲜血从她身上流下染红大地的时候，一代美人香消玉殒，后来这片土地就长出了一种花，这个花的名字就叫——

师生：虞美人。

师：虞美人是一个悲情的象征，也是一个妖艳摇曳的象征。到了唐代，教坊——就是当时的音乐机构，谱写成曲名就是《虞美人》。后来到五代十国时期，曲牌名被改造成词牌名。有一个同样是处于人生绝境之中的人，也写下一首叫作《虞美人》的词。作者就是——

生：李煜。

从当时上课现场效果来看，学生学习热情高涨，发言非常踊跃，学校领导和评委专家都相当满意。从课堂导入的学理来看，这一环节的操作完全符合课堂教学导入方法论：所用时间很短，内容紧扣课文，激发兴趣情感。

实践证明，一线教师自觉地遵循课堂导入的规律，将明显提高课堂教学导入的成功率。对语文教师来说，应当改变依靠散碎的经验开展课堂导入的惯性或路径依赖，而走向依靠系统操作的方法论，遵循课堂导入规律，自觉提升导入质量的发展轨道。特级教师于漪有句名言："一辈子做教师，一辈子学做教师。"将自己或他人的优质课例提炼出成功教学方法论，这何尝不是一辈子做教师，一辈子学做教师的最美模样呢？

成功的课堂导入，基本上都有其内在的逻辑和一套方法论。特级教师于漪在教学吴伯箫先生创作的《歌声》这篇散文的时候，对课堂导入多方考虑，就体现出了她的方法论意识。其"复习旧课，引入新课"这部分，是这样设计的（于漪《〈歌声〉教案》，《语文教学通讯》1981年第8期）：

初二上学期，我们曾学过吴伯箫同志的一篇叙事散文《记一辆纺车》。那是他回忆延安生活的一组散文中的一篇，着重描绘的是延安物质生活，运用的写法是托物叙事见精神。见什么精神呢？是宣传、赞扬延安的革命精神。请听文章的结尾：凭着崇高的理想，豪迈的气概，乐观的志趣，克服困难不也是一种享受吗？跟困难作斗争，其乐无穷。

今天，我们再学这一组回忆散文中的一篇——《歌声》，它仍然写于1961年，三年困难时期。这篇散文着重写延安的精神生活，从歌声这一侧面热烈赞美延安"意气风发、斗志昂扬"的精神面貌和革命的乐观主义精神。两篇互为补充，对延安的革命传统和作风，作了较全面的反映。

这一散文收在《北极星》一书中。

文章中描绘的歌声不是一般的歌声，它有鲜明的色彩，它有美好的形象，它有激越的感情，它反复回荡，发自心窝。今天，让我们通过语言文字塑造的形象，听一听：延安军民唱的是怎样的歌？为什么会唱这样的歌？

这一课堂导入，其内蕴的维度和逻辑，至少达到了"三合一"：内容性、迅捷性、趣味性的统一。在围绕作家王愿坚的小说《七根火柴》开展教学时，于老师精心设计的课堂导入，也具有这样的逻辑和效果（于漪《伟大战士的那颗伟大的心——〈七根火柴〉的教学设计》，《语文教学通讯》1980 年第 8 期）：

火柴在生活中可以说天天用到，看起来那么微不足道。但是，你们可曾想过，在革命艰苦的年代里，在红军行经荒无人烟的草地时，就是这小小的火柴，发出过多少光？放射出多少热？它具有怎样的价值和意义？我们学的这篇课文，作者就是紧紧扣住火柴，给我们描述了一个动人心弦的故事，谱写了一曲感人肺腑的悲壮赞歌。你们将会看到在这一曲悲壮的赞歌中，火柴起着怎样重要的作用。

在这一时间很短的导入中，教师紧扣课文，密切联系生活，营造场景，移情体验，就自然而然地将学生带入语文学习之中。在某种意义上，一个语文教师只有具备了课堂导入方法论的自觉意识，方可不断创造出成功的课堂导入。

语文教师按照课堂导入方法论操作，除了需要将时间、内容和趣味这三个维度高度融合，还应当注意一个前提：导入应当体现正确的人生观、价值观和世界观。如果三观不正确，课堂导入失去了这个前提，那么无论多么精心设计的课堂导入，其结果都注定是失败的，甚至是对学生有害的。

16. 课堂教学提问和追问的技术

学问，学问，一半在学，一半在问。在某种意义上，课堂就是师生问答的地方，教学就是师生问答的过程。课堂教学的问，有教师的问，也有学生的问，无论是谁，问得好，都会明显提高上出好课的概率。学会提问、追问，这对语文教师非常重要。可以说，语文课上得好不好，全在教师会问不会问。

在推进课堂教学的过程中，提问和追问是一对孪生兄弟，两者都是教师设计问题并实施教学的表现。严格地说，两者是有一定区别的，提问就是提出问题，而追问往往是在前面提问的基础上，针对某一细节、方向或难点等进一步追踪发问。宽泛地说，两者的区别不是特别大，因为基本属性都是问题。语文教师应当重视的是，练好设计问题的技术，设计出巧妙有趣或高质量的问题，在语文课堂教学中实施提问和追问，以便推进语文课堂教学。

提问和追问，其设计与教学操作是有一定要求的。不出现差错，是最基本的要求。例如政治性差错、知识性差错等，只要出现，就谈不上问题优质，只剩下弥补或消除错误所带来的影响。

除了最基本的要求之外，问题还应当凸显指向重点、学习难点和引起思考的作用。根据一线教师实践，提问与追问所使用的问题，基本上可分为三个层面：着眼于事实性信息的问题，着眼于深度性思维的问题，着眼于策略性学法的问题。

着眼于事实性信息的问题，指问题的设计指向、答案来源、解决过程，主要依托事实性信息的检索、提取和加工，跟深度性思维关联甚少。例如，《藤野先生》这篇课文，作者写了藤野先生的哪几件事？再如，读完课文《叶圣陶先生二三事》，请你说说题目所说的两三件事情，分别是什么事情？又如，学习《背影》，教师提问：作者总共写了几次背影？这些问题着眼于情节、故事、常识等基本事实信息，无需推理论证，其解答主要通过检索信息并整合信息来完成。

着眼于深度性思维的问题，指问题的角度、指向和答案，无法从事实性信息中直接提取，必须经过深入思考方可找到相关提示或线索。例如，《植树的牧羊人》这篇课文的主人公是牧羊人，他的主业及职责原本是牧羊，为什么重点详写的内容却是植树呢？又如，课文《社戏》的练习题，教材编者所设计的问题"豆是很普通的豆，戏也是让'我'昏昏欲睡的戏，但是文章最后却说是'好豆''好戏'，对此你是怎样理解的?"相当耐人寻味。再如，学习文言文《记承天寺夜游》，作者写自己"解衣欲睡，月色入户，欣然起行"，教师可设计这样的问题：作者原本是想睡觉，为什么看到窗户洒满月光而直接去找张怀民了呢？这些问题的解答，不是对信息直接整合就能完成的，需要深入思考作者的写作目的。

着眼于策略性学法的问题，指问题的角度、来源和指向，跟学习者的学习方法密切相关，虽然涉及事实信息和思维运作等方面，但这只是呈现学习者方法策略的手段。比如，学习童话《皇帝的新装》，老师让学生用一个动词概括全文的情节，有学生回答"骗"，教师立即追问学生：你是如何想到的？学习苏轼的词作《水调歌头（明月几时有）》，教师提问"绮户"的意思，两个学生的回答都是"雕花的门窗"，教师一一追问：你是怎么知道的？一个学生回答"看注释就知道"，另一个学生回答"我背过王维的《杂诗》，里面有一句'来日绮窗前'，绮窗的意思是雕花的窗子，我推测是这个意思"。这样的提问或追问，就指向了学生的学习方法，促使学生认知自己的思维特点、风格偏好以及学法策略等。

三个层面的问题，解答的难度是不同的。一般来说，思考和解答这三个层面的问题，其所用到的事实信息越来越少，所需思维的深刻性、灵活性也越来越强，所需调动的素养储备也越来越多，其难度也就越来越高。第一个层面的问题，难度稍低一些，其提问的重心往往落在了课文写了什么的内容层面上；第二个层面的问题，难度就明显增大，主要侧重于写作的意图和表达的理据等文字背后的内容；第三个层面的问题，难度非常大，围绕学生自身的学习而展开，经过教师提问或追问，促使学生对自己的学习走向自我监控和调节，颇有《道德经》所说的"自知者明"之效果。

在实际教学中，语文教师为了提升学生学习语文的综合效益，常常是用三个层面的问题协同教学。实践证明，这三个层面的问题完全分开，既不现实，也无必要。然而，就语文教师提升教学技术或业务水平而言，还是应当对问题适当区分，了解其基本类型，从而将其单独使用或协同使用取得最佳效果。

例如，学习文言文《记承天寺夜游》，教师围绕最后一句"但少闲人如吾两人者耳"开展问题式教学，其提问过程如下：

1. 教师提问：我们现在说的"闲人"是什么人？

学生回答：悠闲的人，有闲时间的人。

2. 教师追问：你认为作者是悠闲的人吗？

学生回答：不是。

教师追问：为什么？

学生回答：作者是睡不着才到承天寺夜游的，原本就不是无所事事的人。

3. 教师追问：作者说自己是"闲人"，你读出了什么？

学生回答：作者在自嘲。

4. 教师追问：你是怎么看出来的呢？

学生回答：我是根据注释读出来的，注释说张怀民也是被贬的官员，作者苏轼原本也是被贬的官员，他们俩都无用武之地，这闲时间是被迫闲出来的，根本不是自己情愿的。

根据前文对问题的分类和具体类型标准，我们可以判断出这些问题的类型。第一个问题，答案源于常识，或者是学生已有的知识基础；第二个问题，其回答是对基本事实的判断和解释，这基本上都是事实性信息层面的问题。第三个问题，涉及作者写作意图的分析，不是浅层性事实判断之类的问题，而属于深度性思维的问题。第四个问题，这样的问题虽然涉及事实性信息，但主要是推理和论证，讲出自己思考的道理和依据，也提及了解答所用的策略与方法。

从语文课堂教学出发，三个层面的问题在教学功能上是有分工的，也是有协同的。一堂语文课，究竟是先分后合，还是先合后分，或者是相机而教，其具体做法则取决于当时因材施教的需要。为了将学生的语文学习推向深入，开展语文深度教学，语文教师在问题类型的占比方面应有一定的考量：学生基础薄弱，前期应以事实性信息之类问题为基础，兼顾后两类问题；学生基础较好，适当降低事实性信息之类问题的比重，努力向后两类问题进军；处于两者之间的学生，则可根据课文文体、语言难度、具体班级等因素，调整三类问题的比例。

教师提出问题，只有关涉知识、技能和思维，问题的质量才能有一定的保证。如果意欲经由知识而塑造思维，那问题的质量就会更高。其实，知识和技能之间的关系，技能和思维之间的关系，均亦可如是观。事实上，一个问题的学习价值或教育价值的高低，存在着很多衡量的维度，如知识、技能和思维等。一个问题所融合的维度越多，其价值也就相应越高。这意味着，教师将问题做成梯级攀升的问题链，并以此为抓手，可以有效促进学生思维及学习水平的发展进阶。

17. 课堂教学理答的技术

学习是复杂的劳动，教学也是复杂的劳动，既需要体力作基础，也需要智力当主力，更需要情感来投入。在课堂教学这样一个集中了学习、教学两项复杂劳动的场合，促进"教"与"学"的双边互动，可谓难上加难。而课堂教学理答，正是促进"教"与"学"的双边互动的常用途径，其难度之大，对教师要求之高，是不难想见的。

按照字面解释，理答就是处理回答，对别人的回答进行处理。据此来说，课堂教学理答，是指教师在提问学生后，对学生的回答作出处理。这种处理，就是一种课堂现场的教学行为，也是一段用时较短的教学过程，还是一个推进教学进程的具体环节。

分析"理答"这个词语，便可发现：课堂教学理答这一行为动作，是为了达到让学生学习真实发生、发展的目的，教师"理答"的"理"和"理法"，取决于学生的"答"和"答法"。从学生回答问题的现状来看，主要存在的不足是：启而不发、答非所问、言不及义、零星散碎、啰唆重复、敷衍应付等。当然，学生表现出来的这些不足，有些是教师及其提问所造成的，有些是学生本人及其学习上的原因。那么，怎样改掉这些不足，提高学生回答问题的质量，教师就要从理答入手，提高自己对学生的理答水平。

就改进教师的理答来说，可采用"三步走"的进阶模式，分析自己当前的理答水平，然后有针对性地优化理答质量。第一步：诊断学生回答的优点和不足；第二步，寻找不足之处的改进方向和突破口；第三步：巧妙地点明改进的方向并提供抓手。按照这样"三步走"的进阶模式，我们对教师理答的质量就可以进行水平划分，进而开展归因分析，最终找出改进的对策。

教师提问，学生回答问题，教师采用"三步走"的进阶模式，再对学生的回答或答案进行处理，这就形成了一套组合拳。这套打法在实践中形成了不同的理路，依据教师理答的角度和着眼点，可以分为提示式理答、提炼式理答、拆解式理答、操作式理答、点破式理答、鼓励式理答、辩证式理答等。这些角度鲜明的理答方式，操作起来简便易行，对推动学生学习走向纵深、触类旁通，不无裨益。

提示式理答的重点是，教师作出简明而有效的提示，为学生的思考和回答助力。例如学生背诵课文突然忘词，教师说出一个词语或句子作为提示，引导学生继续背诵。这是以直接提示所作的理答。又如学习《桃花源记》，教师问学生："桃花源里的人遇到渔人，为什么会'设酒杀鸡作食'呢？"学生回答："盛情款待。"教师这样理答："唐朝诗人孟浩然写过《过故人庄》，用'故人具鸡黍，邀我至田家'这两句诗，说他被老朋友盛情招待，仔细想想：什么样的客人才会用杀鸡摆酒来招待呢？"学生回答："桃花源里的人把渔人当成了好朋友。"这是通过引用诗文的手段，使学生思考回答更加深入。在语文教学中，类比、引用、打比方、举例子等，都可以起到提示作用，促进学生的回答更加准确和深入。

提炼式理答的关键，在于教师判断出学生词不达意或表述啰里啰唆，由教师或学生将那些断续或啰唆的话，提炼成一两句简明、连贯的话，以便促成学生的发展与进步。例如教师围绕"归雁洛阳边"提问："这句诗表达了什么情感？"学生回答："诗人期盼大雁要回到洛阳送信，诗人的亲友在洛阳那里……"此时，教师理答："没想到你说了这么长一段话，其实你是想说，诗人对洛阳的亲友们很——"学生回答："思念。"通过提取关键词、浓缩句意、选用特殊句式等，教师引导学生归纳自己作答的核心，推动学生对问题的思考跃升。

拆解式理答是对问题或学生的回答进行拆解，化成一个个的小问题或小步骤，带领学生一步一步地突破进阶，最终实现学习的发展与进步。例如教师提问："大家都知道信鸽可以送信，大雁是无法像信鸽那样送信的，那古人为什么用雁作为送信的使者？"学生站了起来，但不知如何作答。教师的理答是："大雁是迁徙性鸟类，一群一群地飞翔迁徙，飞翔时候的阵形是什么样的？"学生回答："人字形""一字形"。此时教师的理答，先将"一""人"写在黑板上，接着追问学生："看到这两个字，你想到诗人是怎样的处境？"学生说："一个人""孤单的"。教师："大雁迁徙具有季节性，回归也是有季节性的，而游子却有家不能回，回家没有季节性，这就加重了游子的思绪，期盼大雁北归的时候能够带上自己的思念。"教师通过缩小问题的思考角度，写字作提示甚至画图，将问题逐一拆解，学生最终实现了深度理解和深度学习。

操作式理答是教师重视操作演示的作用，并将其作为学生深入思考、准确作答的线索和突破口。例如，特级教师程翔教学《谁是最可爱的人》时，文章有一句"把敌人抱住，让身上的火，也把占领阵地的敌人烧死"，学生读不出对敌人仇恨的味道来，就启发学生，发音时"咬牙切齿"，让"烧"字的字音从牙缝里发出，学生马上就明白了，咬着牙读，声情效果立即发生改变。当然，教师也可以亲自操作演示，将动作或做法呈现给学生，由学生模仿或观察而心领神会，进而作出高质量的回答。

点破式理答是围绕学生学习的重难点或困惑点等地方，用一两句简明扼要的话，使学生破迷开悟或准确作答。课文《天上的街市》这首诗，第一诗节提到，远远地望见若隐若现的街灯，与天上闪烁的明星很相似，教师提问："诗人这样写，是运用了想象还是联想？"学生回答："这是想象，诗人把自己首先放在了一个虚拟的世界，不是在街道上看到的，而是想象出来的。"教师理答是这样的："街灯和天上的明星具有相似点，这是联想中的相似联想；而想象是指事物原本并不存在，但却认为它是存在的。我们再读读诗歌，看看哪些景物或事物是诗人运用了想象？"学生读诗，就有了细致的发现：诗歌写了很多原本是不存在的景物或事物，像天上的街市，世上没有的珍奇，牛郎织女，提着的灯笼，都是想象出来的。针对学生将联想和想象混淆的现象，教师一语道破本质与关键差别，抓住学生对想象的认知偏好，引导学生运用两个概念之间的差异点，在品读诗歌中实践一番，达到了预期目的。

鼓励式理答是教师以鼓励的方式处理学生的回答，旨在激发学生大胆回答、更换思考角度以及优化表述质量的勇气和力量。例如，特级教师宁鸿彬教学《中国石拱桥》就采用了鼓励学生回答的做法：

师：在你们读课文的过程中，对课文的句、段有没有不理解的地方？

（众生翻书思考，片刻举手）

生（17）："初月出云，长虹饮涧"什么意思？

师：谁会解释？

生（18）：这句话的意思是看起来好像是穿过云层的一弯新月，又像是入涧饮水的一道长虹。

师：解释得不但准确，而且用词也非常贴切。

生（18）："卢沟晓月"中的"晓"是什么意思？

师：是不是说月亮不大点儿？（边说边用手指比划着一小圆圈）

生（20）：我觉得"晓"是知道。

生（21）：我觉得"晓"是早晨。

师：你说得对。"卢沟晓月"就是清晨卢沟桥畔将要落下的月亮。北京有"燕京八景"之说，"卢沟晓月"便是其一，因此课文给"卢沟晓月"加了引号。

学生回答了"初月出云，长虹饮涧"的意思，教师马上给予热切的肯定，在一定程度上鼓励了后面发言的同学。学生说"晓"的意思是"知道"，虽然答错了，但毕竟有学生答对了，教师既没有批评也未作纠正，这种忽略式理答对答错的学生来说也许就是一种保护、宽容和鼓励。

辩证式理答是学生的回答存在明显的不足，已经影响到全体同学的认知导向和学习质量，教师只肯定其优点可能不利于整个教学进程，在保护学生发言积极性和自尊心的前提下，确有指出不足的必要，作出扬长补短的处理。

例如某个同学走神，教师提问其发言，但回答的质量不高，教师对其理答："你回答的这个角度，抓住得准，但是没有结合课文来说，显得有些浮漂虚泛，希望你认真读课文的这段话，修改一下再回答。"教师的辩证式理答对学生的回答内容作了辩证分析和评价，同时触及了学生因走神而不读课文的错误，为学生投入学习和改进作答提供了动力与方向。

在语文教学中，教师的理答应追求角度明、方法实、思维活等特点，为学生学习语文由表及里、由浅入深、由易到难搭建台阶。例如，笔者在教学《虞美人（春花秋月何时了）》时，围绕词人所用的修辞手法提问，学生回答出设问和比喻，但考虑到学生对比喻未必有本质性的理解，就朝着比喻为什么是比喻的方向开展理答，具体问答如下：

师：比喻在哪儿？

生1：把愁比喻成了春水。

生2：把愁比喻成春水。

生3：春水向东流，使它具有形象化，容易让人感知。

师：更让人容易感触到。请问同学们：比喻有三个要素，第一，要有什么体？

生1：本体。

师：本体是根本，是眼前所见所感之物。第二，还有什么体？

生2：喻体。

师：喻体，这是所想之物。两体中间还得有一个桥梁，叫作什么？

生：比喻词。

师：是比喻词不假，问题是它们得建立一种修辞性，叫作有共同特征，这才是桥梁。那么它们，愁和水之间有什么相似处？

生：愁是连绵不绝的，水也是一直在流动，绵延不绝。

师：愁绵延不绝，水也绵延不绝，都拂之难去，而且长期存在。

教师理答的方式、方法和指向等，都有可能对学生的思考和进一步学习产生重要影响。

此外，课堂教学理答还存在复述性理答、纠正式理答、忽略式理答、评价式理答等多种类型，都值得语文教师深入探索。

由于语文课具有学科特殊性，字法、词法、句法、语法以及课文的内容、写法、写作意图和作者际遇等，皆可成为学生学习的内容，也都有可能成为教师进行教学理答的切入点和突破口。作为语文教师，对教学理答的实践、观察和反思，岂有轻忽怠慢之理？在具体实践中，课堂教学的理答往往是多维合一，多种方式融合的，以求最佳效果。

有必要说明的是，对课堂教学理答开展分类，只是为了细化认识、深入研究的需要，这并不代表实际中的课堂教学理答都是单一类型、一成不变的。一线教师可分门别类地梳理、研究和训练，再作整合或综合，以期达到局部深入、整体提升的效果，有效提升自己课堂教学理答的技术水平。

18. 课堂教学评语的提升技术

走进课堂，我们不难发现教学评语充斥着这样的表达："棒!""好!""太好啦!""真是棒极了!"……这样的表达，也许有着教师的初衷，但在提高学生学习质量、推进课堂教学的进程等方面，却存在着低效、形式化的问题。作为一线教师，应当对这一问题保持警惕，通过锤炼语言质量、训练评价角度等途径，提升评语的专业含量。

课堂教学评语是对课堂中的表现所作的评价语言。评语是一种评价。那么，究竟是谁来评呢? 这就涉及评语的发出者或操作者。课堂教学是师生双边互动的过程，课堂教学评语的主体可以是教师，也可以是学生。然而，在现实中，课堂教学评语的主体往往以教师为多。因此，肩负"教"之行为和责任的教师，提升课堂教学评语的质量是"君子务本，本立而道生"的专业发展要求。

从功能的角度看，课堂教学评语有着多种功能，有衔接过渡、评价得失、阐释扩展、引导方向、补充内容、对比强调等。对语文教师来说，锻炼过硬的评语技术，就要从这些功能的识别、定位和确立开始。

案例一：节选自《〈马说〉教学实录》(余映潮，《语文教学通讯·初中刊》2005年7—8期，第114—116页)

师：下面根据老师的提示，开始背课文。

(学生开始读背)

师：好，现在把课本合上再来背。

(学生开始自由默背)

师：好，现在试一下。

（学生开始齐背）

在这个案例中，教师两次说"好"，其作用就是"衔接过渡"，目的是对上面的操作或环节作出明确终止，以便开启下面的操作或环节。"现在把课本合上再来背""现在试一下"，则是明确的指令，直接开启了下面的操作或环节。

案例二：节选自《陈钟樑老师〈合欢树〉课堂教学实录评点》（作者陈钟樑、余映潮，选自《语文教学通讯》2011.2A，第15—19页）

师：这篇课文《合欢树》，大家看过吗？

生：看过。

师：都看过了，很好。那么我们先看一下，《合欢树》这篇文章，它要赞颂的主题是什么？那是人类最伟大最永恒的一种精神，什么精神呢？

生：母爱。

在本案例中，教师所说的"都看过了，很好"，明显带有评价的性质，但更多的是起着衔接过渡的作用。因为教师用"那么……"开启了新的操作或环节，说明对前面的环节或操作明确终止，随即抛出了新问题，引导进一步思考。

从常规操作来看，语文课堂教学评语往往具有衔接过渡的作用。明确结束前面的环节或操作，顺带评价，再开启后面的环节和操作，应当是教学评语的基本功能。即便是特级教师的教学，也概莫能外。

然而，课堂教学评语的主要功能是评价得失，这是语文教师应当着力下功夫修炼的方面。在很多语文课堂中，教师的评语多姿多彩，甚至成为课堂的神来之笔。

案例三：节选自《"学写一篇游记"课堂教学实录》（余映潮，《语文建设》2012年第10期）

师：《长城》这篇游记又是另一种形态。《长城》告诉我们什么呢？哪位同学帮我们讲一下？请你来吧，试一试。

生：《长城》这篇文章是用移步换景的方法来写的，然后再加一些作者自己的联想。

师：这位同学说得很简洁，恰到好处。移步换景地来到了长城。注意她后面的话，"加上自己的联想"，这句话太重要了，这位同学看出了文章写作的脉络。

生：《长城》主要写了长城的特点，作者用很多的比喻手法写出了长城的雄伟和壮观。

师：这位同学用一句话说明了课文一个方面的特点。

在这一案例中，教师的评语极富借鉴价值。例如："这位同学说得很简洁，恰到好处"是典型的评价，属于肯定性、积极性的评价；其后的部分，则是围绕知识点所作的分析，将前面对学生所作的肯定性评价落在了实处，特别是用"这句话太重要了"来再次评价，肯定学生发言的内容在这节课学习中的地位和价值。"这位同学用一句话说明了课文一个方面的特点。"这一评语，则肯定了学生思考和发言所选取的角度，也点明了其在本节课学习中的价值。

教师评语除了对学生的发言可以做出评价，还可以进行阐释扩展。语文教师充分挖掘评语的这一价值，有利于在课堂中形成教学双边互动的和谐与共鸣。

案例四：节选自《〈我的叔叔于勒〉教学实录》（程红兵，《中学语文教学》1998 年第 3 期，第 10—13 页）

师：这一遍读出了感情。若瑟夫与父母形成了鲜明的对比，这个对比有何作用？

生：突出了双方的性格。

师：对。孩子是纯真的，大人是世故的；孩子是诚实的，大人是虚伪的；孩子是善良的，大人是势利的；孩子是慷慨的，大人是刻薄的。作者为何以"我的叔叔于勒"为题？

生：表明了作者的美好愿望，希望人们能像若瑟夫一样，多一点同情，多一点友爱，多一点善良，他希望社会能更好一点。

师：好。下课。

在此案例中，教师采用"孩子是……的，大人是……的"这样的排比句，架构课堂教学评语，充分阐释了学生发言的内涵，进一步引发师生的共鸣，将课堂教学推向高潮。

恰切的评语，可以引导学生思考和发言的方向，为学生再次发言并提高发言质量打下基础。这也是评语值得重视的功能。

案例五：《〈天上的街市〉教学实录》（洪镇涛，《语文教学通讯·初中刊》2005年7—8期，第36—39页）

师：现在，请大家提出问题。

生1：第3小节，"定然是不甚宽广"，为什么这个地方不直接写"那定然是很狭窄"，而用了否定句呢？

师：哦，那浅浅的天河，定然是很狭窄，好不好？

生1：我想，如果用很狭窄，就太绝对了，语言就不灵活不自然，而且"不甚宽广"和后面的"骑着牛儿来往"押韵。

师：对，她从押韵的角度考虑，很好。她自己提出问题，自己解决了。挺好！哪位同学再提？

生2：这首诗的第2节，用了个"定然"。这是诗人的联想和想象，那为什么要用"定然"呢？

师：对，我怎么没想到这个问题呢？把"定然"换成"可能"不好吗？好，这位同学，请你自己解决问题。

生2：我想，这里用"定然"，是坚信这个美丽的街市是存在的。

在学生提出问题的过程中，教师没有把答案直接端给学生，但却把引导的方向蕴涵在评语中，供学生思考，最终学生解决自己提出的问题。两处评语各有特点，一处通过重述学生的发言要点，引导学生体味作者的表达技巧；

一处通过提供对比性的词语，启发学生揣摩作者的遣词之妙。

补充内容，使学生占有更多的资料和信息，重新审视教师提出的问题和自己的发言，有利于改变思考的角度形成新的认识，使答案表述更加流畅和完整。

案例六：《〈驿路梨花〉教学实录》（宁鸿彬，《中学语文》1998 年第 5 期，第 13—18 页）

师：到底是顺叙，还是倒叙，我觉得你们的发言都有道理。大家看黑板。本文围绕茅屋（板书：茅屋）展开记叙。先写茅屋给"我"和老余提供了很好的住宿（板书：住宿）条件，免去了深山露宿之苦。正当"我"和老余在小茅屋做饭时，瑶族老猎人来茅屋归还粮食，并说出曾在这里住宿的事（板书：曾宿）。尔后又写到遇见了梨花的妹妹，并且从她那里知道了解放军建造茅屋、梨花管理茅屋和梨花出嫁后梨花的妹妹接替姐姐管理茅屋的情况（板书：建、管、接）。请同学们根据"住宿、曾宿、建管接"这几个主要情节，进一步判断一下，本文是按什么顺序记叙的。

在这堂课中，围绕课文的顺序究竟是顺叙还是倒叙，同学们争论不休的时候，教师及时提供了补充和说明，帮助同学们进一步思考和判断。教师的评语，就不再只是停留在好坏优劣层面的简单评价，而是梳理情节、补全信息，从而促发学生反思得出结论的过程以及证据链的可靠程度。

在课堂教学中，优质的评语往往是教师精心炼制的，而让评语中蕴涵着对比强调的作用，常常就是教师用心之所在。

案例七：《〈祝福〉教学实录片段》（徐振维，《中学语文教学》2008 年第 7 期，第 24 页）

师：……其他同学边听边思考：哪些词语突出了祥林嫂的苦难生活？

（生朗读，教师为读错的字正音）

师：读得很清晰。请举例回答问题。

生：只是暗暗告诫四婶。

师："告诫"和"告诉"有什么不同？为什么你注意到这个词？

生："告诫"带有警告的意思。

师：说得很好。这说明不是一般性地告诉四婶。你再举个例子。

生：祭祀时可用不着她沾手。

师：噢，水平还挺高的，注意到"沾手"这个词。如果换了"帮忙"或"插手"行不行？好不好？（一生插话，对他）你来说说。

生："沾手"有一点点也不能碰到的意思。鲁四老爷歧视她。

学生找到了两次举例，教师都使用了近义词比较、更换的手法，在对比中凸显了作者遣词的意图与匠心，引导学生作出更加深刻、精准的回答。

课堂教学评语之所以重要，对于某个学习活动或整堂课来说，往往还具有归纳学生发言要点、集学习成果之大成的作用。

案例八：节选自《陈钟樑老师〈合欢树〉课堂教学实录评点》（作者陈钟樑、余映潮，选自《语文教学通讯》2011.2A，第15—19页）

师：好，从这段话里我们可以知道《合欢树》这篇文章哪一类词语用得最多？

（学生默默翻书）

师：哪些同学看出来了？你看，对母爱的认识，是一天就能完成的吗？这里特别讲到"随光阴流转"——随着时光的流转，认识越来越深刻。因此这篇文章，哪一类词语用得最多？

生：时间。

师：我们把有关的时间词语圈点一下。比如第一自然段的"十岁那年"，第二自然段的"二十岁"，到下面的"三十岁""母亲已经离开我整整七年"。写到合欢树的时候又出现了哪些时间词？"有一年"，接下来呢？

生：第二年。

师：嗯，"第二年"，"又过一年"，下面还有呢？

生："再过一年"。

师：对。这篇文章，表示时间的词语特别多。因为随着时间的流逝，"我"的认识会越来越深刻。

教师提问哪类词语用得最多，学生翻书，教师又改换角度并增加提示而再次提问。在学生作答后，教师讲了一段汇集总结式的评语，引导学生继续汇总词语，最后点明这类词语的意义，使学生领会作者的写作意图。

从课堂教学实际来看，教师使用评语总是具有一定的综合性或融合性，在发挥评语衔接过渡功能的时候，往往也兼有评价得失、阐释拓展、引导方向等其他功能。当然，这是为了发挥评语的最大效益，达到最佳效果，是值得肯定的。与此同时，多种功能叠加交错，难以辨识和区分，这也给评语分类及其研究带来障碍和困难。然而，这不应该成为教师对课堂教学评语的认识浮在表层的理由和托词。

研读名师课例，成功的课堂教学评语是有其角度和路径的，在一定程度上也是可以技术化的。整体来看，课堂教学评语要以爱为出发点，充满善意，能够发挥鼓舞、激励学生学习进阶的作用，找准学生、教材、课文、知识和技能的交汇点，力求评出角度、评出知识、评出技术、评出干劲、评出智慧，最终提高评语的专业含量。

19. 课堂组织小组有效合作的技术

在语文课中，通常会遇到一些依靠学生个人难以解决的问题，而语文教师往往会组织学生讨论一下，这在事实上形成一个学生之间的合作学习现象。与此同时，一些中小学实行的课堂教学模式，为了跟依靠教师讲解的课堂教学模式相区别，往往会包含合作学习、小组合作之类的环节或内容。然而，根据一线教师反映，有的课堂组织小组合作效率高，有的课堂组织小组合作无实效，小组合作在大多数情况下成了走过场、表演性的形式，这值得大家反思：小组合作的技术是什么？是不是把学生按照人数平均分组就够了呢？

按照当前实际，关于小组合作的分组原则，有人主张同质分组，也就是组员水平的基本相同；有人主张异质分组，也就是组员水平的差异较大；还有人主张随机分组，也就是按照座位等因素自然分组。每种分组的主张，都有其道理和依据，同质分组便于同步发展、齐头并进，异质分组便于强弱搭配、以强带弱，随机分组便于随时实施。

问题的关键是，从整个班级来看，放在一个课时中，哪一种分组的效果最好？有研究成果表明，同质分组可能导致最高水平的小组早就完成，而最低水平的小组才刚刚开始，组组之间不同步发展的现象相当严重；异质分组可能也存在一定的问题，低水平的学生不愿意参与，高水平的学生不愿意分享、带动其他同学；随机分组可能导致学生之间在短时间分组后缺乏前期的合作学习经历和经验，有临时搭建草台班子的嫌疑。总体来说，不同的分组原则就有相应的分组方案，但并不存在完美的分组方案。所以，语文教师应当熟悉分组原则，多次操练这些分组方案，以便根据不同的班级、学习内容等因素来开展适切的分组。

从研究者的倾向来看，在三种分组方案中，期望采取异质分组的呼声最为强烈。其基本逻辑是，按照本学科学习水平或学习基础水平的高低，每组的成员都有高水平学习者、中水平学习者、低水平学习者，保证涵盖三个层次的学习者，通过三类学习者之间的互动，中低水平学习者提出问题，高水平学习者指导中低水平学习者，最终实现互帮、互助、互学。

理想目标是美好的，现实道路是曲折的。让异质分组落地并取得一定的实效，这就要在分组成员的基础上开展相应的技术加持。这一技术的核心是，对小组成员开展培训，围绕有效合作的规则进行多种角度、多种形式的训练。为此，有必要将小组合作的技术开发成系列性的短时培训，达到小组成员精细掌握合作要领、逐步形成合作文化的程度。

一、角色职责培训

按照比较理想小组合作情况，每个小组的人数是有一定范围的，通常来说，人数最少不能少于 3 人，最多不超 7 人，实际上就是 5 人制或 6 人制的小组开展合作学习的效果最好，全班整体合作学习的性价比最高。如果按照 6 人制小组，其成员所对应的学习水平是这样的：最高水平、次高水平、中上水平、中等水平、中下水平、下等水平。

开展角色培训，除了基于组员的学习水平划分之外，还应当考虑性格、特长等因素，确定每个组员在本小组内所承担的角色。一个小组发起并维持合作学习，其成员角色应当包括以下几种：一是主持人，负责整个小组合作的协调和运转；二是记录员，负责记录小组合作学习的重难点、框架以及每个发言人的发言要点；三是提问者，负责提出自己学习中的困惑或难点；四是解答者，负责对问题作出回应，提供一定的思考、答案或解决线索。

在这四种角色中，除了主持人、记录员是由固定人员担任的，其他两类角色都是大家随机充任的。也就是说，每个人都有提出问题和疑惑的权利和机会，也都有回答问题、交流思考的权利和机会。当然，主持人尽量选择控场能力强、表达能力突出和性格活泼的同学担任，记录员则由善于动笔写作、速记能力强的同学担任。

从目前情况来看，包括语文教师在内的很多教师，在开展小组合作前，并不了解小组合作的基本原则，更不了解小组内具体角色职责的确定以及相应人员的安排搭配，这导致相应的角色职责培训根本无从谈起。实际上，这种徒有形式而不注重内涵建设的小组合作，不仅注定是低效的，而且注定是走不远的。

二、发言规则培训

小组合作是课堂学习的重要形式，其存在的价值是促进本学科的学习。而小组合作的关键是，通过口头发言、交换书面作答形成实质性的互促互学。无论是口头发言，还是交换书面作答，都涉及发言顺序这一问题。对学生开展发言规则的培训，显然是相当的重要。

开展发言培训，主要是统一小组成员的认识，既要保证主持人对整个发言过程进行调控的主导地位，又要保证成员都有畅所欲言、表达观点和看法的权利和机会。在发言的内容方面，所有的组员都应当保持一种开放、接纳、尊重的态度，而不能抱着冷漠、讽刺、看笑话等心态。此时，高水平学习者和低水平学习者应当形成人格互信，坦然、大方地提出自己的问题，表达自己所作的思考。

在课堂这个特殊场合里，发言是一种学习交流，可分为组内交流和组际交流。在组内交流时，每个发言人应当观察并尊重其他发言者的机会和看法，结合主持人介绍的规则，有序地发言。在组际交流时，主持人或发言人按照整个班级的发言规则，依次陈述本组的合作学习的进展、成果及尚未解决的问题。

在当前课堂教学中，连同语文教师在内的很多教师，几乎都忽略对学生开展发言规则方面的培训。这导致学生对小组合作的核心规则所知甚少，在具体发言过程中存在着混乱无序、言不及义等问题。提升学生的合作素养，减少内耗，节省时间，是突破小组合作低效这一难题的必由之路。

三、合作内容培训

在教师的指导下，学生按照分组情况，围绕具体的问题或学习内容，开展小组合作的模拟性训练，达到对合作内容比较熟悉的效果。简要地说，小组合作中的提问，究竟问什么、怎么提问，多数学生是难以胜任的。其实，对问题的解答，也是如此。这就要求教师应当训练学生学会提问、学会思考并试着解答问题。

由于语文学习的内容，是相对稳定的，这就可训练同学们围绕字词句篇、语修逻文的"八字宪法"进行提问，从而形成提问的常规角度、主要范式或基本架构。至于思考和回答问题，也可以从这些方面入手，并开展模拟性练习直至学生基本熟练。

当然，教师也可以在小组合作活动结束的时候，指导学生复盘本次小组合作活动的得失，针对如何提高问题的质量、改进问题的解答等方面，总结经验，提出今后改进的方向、重点及措施。

在当前开展小组合作的学校或课堂里，作为支持者的学校领导及教师，未必了解这方面的重要性，也未必对学生开展相应的模拟性训练，这在某种程度上导致了小组合作的成效不尽如人意。在课堂教学中实施小组合作，围绕合作内容或技能开展适应性训练，既是培养学生学会提问、解答等个体自学的需要，也是指导学生找准角度、找到重点等合作学习的需要。

综上所述，课堂教学小组合作技术既不简单也不复杂，是需要学习的，在实践操作中熟练运用并逐步改进。教师只有掌握小组合作的技术，小组合作才能落到实处，避免成为走过场、表演性等徒有形式的教学环节，才能有效地提升课堂教学质量，小组合作才能变成课堂教学中的高效环节、出彩板块。

20. 课堂教学板书设计的技术

板书是动作，指在黑板上书写，既有文也有图还有表；板书是名词，指在黑板上书写的结果，黑板上所显示的文字与图表。从一线教师做好板书的实践来看，板书技术的核心是板书设计。对一线教师来说，要把板书设计技术当作板书的关键核心技术，练扎实练出成效。

从板书和教学的关系来看，板书是辅助教学的工具，是跟随教学进程而形成的一种结果。在这种意义上，板书是缩微版的教学施工图，是教学思路的示意图。

根据不同的划分标准，板书可被分为不同的类型：从板书的形式来说，主要有图画式板书、表格式板书、词组式板书等；从板书的分工来说，分为主板书、副板书等；从板书的媒介来说，分为文包图、图包文，左图右文、左文右图，上图下文、上文下图等；从板书的内容来说，分为观点式板书、问题式板书、细节式板书等。无论是哪一种类型，对操作性、有效性和美观性的重视，应当是板书不变的追求。

在课堂教学中，板书究竟应该书写哪些内容呢？首先是课堂教学目标，特别是本堂课的重难点。如果不写课堂教学目标和重难点，那应该先写课文的标题，然后是作者，接着是标志着教学进程的关键词等内容。对此，通过研读名师课堂实录，可以更好地研究并提炼板书的写法及规律。例如特级教师程红兵教学《我的叔叔于勒》的课堂实录，其中就有板书的呈现，现摘录于下，以供研究和探讨：

师：现在我把同学们找的主要的板书在黑板上。板书：

全家唯一的希望

全家的恐怖

（坏蛋、流氓、无赖）

正直的人、有良心的人

好心的于勒、有办法的人

这个家伙

这个贼、这个流氓

我的叔叔，父亲的弟弟，我的亲叔叔

请同学们把这些评价分分类，分类的标准是哪些话是在大致相同的情况下说的，并说说是什么情况，他们对于勒又采取了什么态度。请按时间顺序说。

从这个教学片段来看，教师的板书起到了多方面的作用：一是及时记录同学们所找的核心内容，二是及时分享给所有同学以便促进更深层次的思考，三是作为梳理小说故事情节的抓手，四是据此赏析小说的故事情节及人物形象。

师：我们把情节理一下，请看板书：

赔钱……盼
占钱…………赶
有钱……赞
没钱…………骂
避

从以上板书可以看出，小说情节不长却也曲折起伏，特别是后面情节的安排，既在意料之外，又在情理之中。如果我们把课文分成两大部分的话，应该分在哪里？

生：从开头到旅行之前为第一部分，从动身旅行到最后为第二部分。

师：我用一副对联概括两大部分的内容：

十年思盼，天涯咫尺，同胞好似摇钱树；

一朝相逢，咫尺天涯，骨肉恰如陌路人。

这家人盼于勒，盼了十年，希望与日俱增，甚至在脑海中出现了幻觉，明明远在天边，却如近在眼前，把骨肉同胞当成摇钱树，为了用于勒的钱订了上千种计划。一朝相逢，期望中的富翁变成了穷水手于勒，他们失望沮丧，本是同根生，相逢就是不相认，骨肉兄弟如同陌生的路人，前后之间构成了鲜明的对比，这一切因为什么？这副对联少了一个横批。请同学们来拟。

生：人不如钱。

师：请解释一下。

生：于勒这个人还不如钱重要，盼于勒是假，盼于勒的钱是真。

师：有道理。还可以从这件事所反映的社会问题来考虑。

生："金钱至上"，盼是因为有钱，避是因为没钱，在人们的眼中金钱是至高无上的。

生："世态炎凉"，开始他们热切盼望于勒，后来发现于勒没钱，就避之唯恐不及，根本没有兄弟亲情。

师：同学们拟得非常好，跟老师想的一样。

在这个教学片段中，教师的板书以关键词的形式梳理情节，对学生所学内容作了概括。与此同时，教师还抛出一副对联，表面上是让学生拟写横批，实际上是对课文的主旨或主题进行提炼，因为对联的内容是对全文主要情节的高度概括或浓缩。如果这副对联也是板书的话，那么就和前面以关键词形式所写的板书形成了呼应关系，这恰好显示了课堂教学进程。当然，板书不同，所显示的学习要求、能力训练及教学内容自然不同，其在教学进程中所处的具体阶段也不相同。

研读名家名师的课堂实录，常有英雄所见略同之感，发现前辈名师往往有着极其相似甚至完全相通的板书。例如，特级教师宁鸿彬教学《我的叔叔于勒》，在教学过程中就形成了如下这样的板书：

我的叔叔于勒

莫泊桑

无　　　　赶、骂

有 **钱** 盼、赞

自私　冷酷

与程红兵老师课堂实录中的板书稍作比对就可发现，两位前辈对小说情节的认识和概括基本是一致的，特别是对小说主旨的挖掘，相似度之高令人叫绝。

研究课堂实录，有时候应当合并同类项，分门别类地开展研究，一项一项地突破。例如，在做课堂实录的专人研究时，围绕宁鸿彬老师的课堂板书，可以提炼出其板书的风格或特色：简之又简，简到极简，以单字作为关键词。例如《变色龙》的教学板书是这样的：

变色龙

风 使

见 **变** 舵　　穷人不如富家犬

媚 **不 变** 下　　一人得势，鸡犬升天

上 欺

当然，板书的关键词以单字为主，这意味着还有少数的板书，并不如此，其关键词可能是双字词语或更长的词语。例如宁鸿彬老师教学《人民解放军百万大军横渡长江》的板书：

人民解放军百万大军横渡长江
（1949 年 4 月 22 日）
毛泽东

标题　　提要　　　真实
电头　　　　概述
导语　　详叙　　　及时
主体

这一板书的书写相当简洁，全部是两字词语，且布局分明，左侧是消息

这一文体在结构方面上的基本知识，中间部分是消息在内容写法上的知识，右侧则是消息作为新闻的基本特点这一知识。这样的板书设计，可谓具体区域分工明确，整体简明扼要。

宁鸿彬老师教学《驿路梨花》的课堂板书，一如既往地简洁精要，布局分明，结构紧密，令人称道。

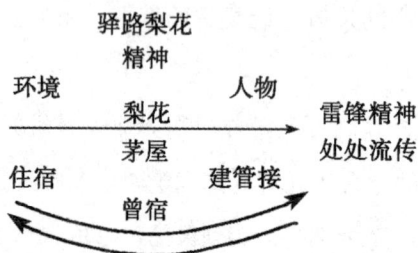

又如，宁鸿彬老师教学《有的人》的课堂板书如下：

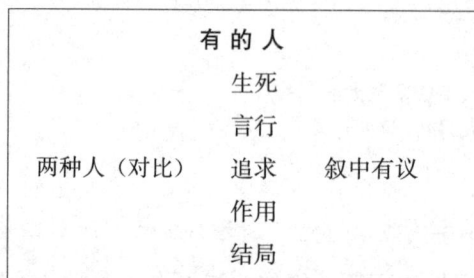

这一课的板书，涵盖了每一诗节的写作角度，也显示了教师对诗歌写法的关注。整体来看，可谓多一个字则多余，少一个词则不足，绝不浪费其中的任何一个字。

从常规维度来说，板书的内容应当突出主题性、文体性、方法性、进程性等维度。突出文体性就要以文体知识作为主要的板书内容，突出方法性就要以阅读方法、思维方法作为主要的板书内容。再作细分，怎么突出文体呢？归根结底，文体不同，所应书写的关键词也不同。比如，属于小说文体的课文，在板书时对小说"三要素"就要特别重视，像人物姓名、情节要点等就要作为重点内容；而议论文的课文，其教学的板书，就要以论题、观点、论据、论证等作为重点内容。

在课堂教学中，教师书写板书与教学进程是同步的。然而，在做到板书的基本要求时，怎样使板书具有一定的艺术性，这显然更需要别出心裁、匠心独运。

根据一线教学实际，提高板书艺术性的办法可分为两种思路。第一种思路是引入图形结构，即考虑最终板书成型的时候，其整体构型究竟是方形、梯形，还是圆形的，抑或其他形状？如果是方形，究竟是正方形，还是长方形？第二种思路是依据课文选型，即挑选课文中的景物、人物等构型，将板书连缀组合起来，以期形成一种符合课文所写内容形式的构型。像《驿路梨花》这篇小说的教学板书，就可以形成一种类似梨花形状的造型；像《诫子书》这篇文言文的教学板书，就可以形成类似书信形状的造型；像《醉翁亭记》这篇课文的教学板书，就可以形成亭子形状的造型……只要吃透课文的主旨，把握住课文所写的主要景物、人物等内容，从文体、写法等入手，设计出跟课文相关或一致的板书造型，是完全可行的。

为了凸显板书的艺术性，应当做到伴随教学进程，按照早已预设的板书形状或造型，逐步地推进，教学一点就书写一点，等到所有关键词写好，只需要缀文成图，或者连线成图。文成图现，添加必要的辅助线或勾勒轮廓，使得板书的造型既完整美观又跟课文相关。一旦文成图现，无论是班内学生还是观课教师，都会从心底发出惊叹。这对学生何尝不是一种审美教育呢？具有艺术性的板书，不仅使板书增值，而且使课堂增值，更使教师增值。

21. 练好朗读教学的基本功

听说读写，是语文教学的基本形式，也是学生学习语文必须掌握的重要技能。其中，读的形式不拘一格、丰富多彩。例如，阅读、朗读、朗诵、吟诵、吟唱、唱读、默读、跳读、速读、浏览、细读、品读，等等。这些说法的背后，都对应着具体的阅读行为。

在语文教学中，除了唱读不被看好，经常遭受批评之外，其他形式的读，基本上都在统编初中语文教材中出现过。也就是说，教材编者认为语文教师应在语文教学中对其有所体现，甚至是需要认真指导和扎实训练学生来学习掌握的。特别是朗读，有其独特的优势：相对于默读等不出声的阅读行为，朗读具有出声、传达情感的特点；在学习训练的难度上，朗读低于朗诵、吟诵，比较适合学生学习训练。

当前的朗读教学，存在"假教""假学"等现象。比如，语文教师自己朗读基本功欠缺，羞于开口示范，无奈之下，只好通过播放视频、音频等途径指导学生训练朗读。这有点像不会游泳的教练，自己不敢下水，却要求训练学习者如何下水，怎样运用气息，用什么姿势游泳，说的有模有样，还要对学习者存在的问题指点评论一番，其实自己连装模作样地比划一下都不肯，这现象确实令人匪夷所思。对此，笔者想说：打铁还需自身硬，没有金刚钻不揽瓷器活。陶行知说：千教万教教人求真，千学万学学做真人。我们开展朗读教学，追求的是真功夫，而不是假把式、假模假样。所以，语文教师要练朗读基本功，这样方可达到教师真教，学生真学，教学真有效。

或许，有一些语文教师提出，我们上学期间没有学习过朗读，参加工作后也没人培训过我们，那怎么办？事实上，学习朗读，自我训练的途径有很多。比如模仿名家的朗读作品，像夏青、陈道明、濮存昕等都有朗诵作品在网络上流传。又如购买普通话朗读教程之类的图书，往往带有光盘或二维码等，可以下载音频、视频等资源，一边研读图书，一边跟着训练。再如报班买课，更是学习训练内容丰富、线上线下形式多样，不仅可选空间大，而且非常方便。

在统编初中语文教材中，七年级上册对朗读有着明确的教学要求。在单元导语、课前预习提示以及课后练习题等部位，教材编者针对朗读给出了明确的训练要点。这就要求语文教师先于学生学会朗读，再运用朗读的知识和技能培养学生学会朗读。

例如七年级上册第一单元导语，单列一段文字："学习本单元，要重视朗读课文，在朗读中感受语言的美。要把握好重音和停连，体会声韵和节奏；边读边想象文中描绘的画面，领略景物之美；注意揣摩和品味语言，体会比喻和拟人等修辞手法的表达效果。"这一段话点出了朗读教学的多个训练重点：读出情景画面，重音，停连，儿童语气等。类似这样的单元导语，还有一篇课文的课前预习提示、课后练习任务以及自读课文的旁批等，很多地方都涉及了朗读训练的内容。

语文课，究竟要培养学生的哪些朗读技能呢？

读出重音是教材明确提到的朗读技能。在播音主持中，重音分为不同的类型，主要包括十种：并列性重音、对比性重音、呼应性重音、递进性重音、转折性重音、肯定性重音、强调性重音、比喻性重音、拟声性重音、反义性重音。此外，还有一种分类是根据重音的强度和持续时间来区分，分为力度型或强力型重音和延音型或时间型重音。前者是通过在强调的音上加重来表现，后者则是通过延长音符的时间来突出某个音。想要进一步训练，练出无限接近专业的效果，除了依靠个人揣摩，勤学苦练，还需要专业人士的指导和点拨。

提高音量，加重语气，是读出重音的常规手段。降低音量，弱化语气，则是读出重音的高级手段。像嘘声，主要用气来读，不通过喉结发声，但却能够使人听到，有人将其称为气声，以便跟实声相区分，在读出重音上有独特而不可替代的表达效果。例如，朗读《春》的开头："盼望着，盼望着，东风来了，春天的脚步近了。"对"盼望着，盼望着"的朗读，怎样处理为好呢？用实声朗读，尤其是大声、高声地读，难以传达心中的盼望之情。如果用气声朗读，声音很轻，音量很小，上齿和下齿几乎不发生触碰，更能传达出难以抑制的盼望之情。

读准停连也是教材提到的朗读技能。停连，是一个合成词，"停"指停顿，"连"指连续。停顿和连续，是朗读的语流的基本状态。停连，其实就是断续。"断"虽然不同于文言文的断句，但是，和朗读没有标点的文言文，颇有相似的之处。当语句过长，尤其是二三十个字才有一个顿号或逗号，读这样的句子，必须对其句意分层，或划分出相对完整的短语。不然，一口气朗读完，差点就喘不过气来。在朗读这二三十个字的时候，能够稍作停顿，停顿一二处，便觉得声韵畅达，不必赶路似的匆忙，更能传达出作者的情意。"连"是一直朗读而不断，其最显著的标志是"声断气不断"，也就是声音似乎中断了，但是语流或气息仍在连续，有人把这叫做"声断气连"。

朗读中的停顿，可以用"/"来标识。例如我们可以对《驿路梨花》中的长句子作停顿的处理：我到处打听/小茅屋的主人/是哪个，好不容易/才从一个赶马人那里/知道个大概，原来/对门山头上/有个名叫梨花的/哈尼小姑娘，她说/这大山坡上，前不着村/后不挨寨，她要用/为人民服务的精神/来帮助过路人。语句中的逗号或句号，代表着比"/"更长时间的停顿，可以用"——"标识。至于顿号、分号的停顿时长，也都超过了"/"的停顿时长。顿号急停紧连，逗号间歇长于顿号，分号、冒号停顿较长，句号、问号、叹号要结束全句停顿时间最长，破折号、省略号随语言环境变化导致停顿时长弹性较大。朗读中的连续，可以用"⌒"作标识。例如，我们可以对《白杨礼赞》的语句作这样的处理：但是它伟岸，正直，朴质，严肃，也不缺乏温和，更不用提它的坚强不屈与挺拔，它是树中的伟丈夫！从"伟岸"到"严肃"之间的逗号，其实停顿时长类同顿号的时长，读起来就有"连"的感觉，比按照逗号的停顿时长来处理，朗读效果反而更佳。

读出情感是教材特别重视的朗读技能。感人心者，莫先乎情；感人情者，莫先乎声。朗读以声传情，通过朗读准确传达作者的情感。教材编者在七年级下册（简称"七下"，下同）《土地的誓言》的旁批中写道："这篇课文很适合朗读，建议大声地朗读，在朗读中进一步感受那种强烈的爱国情感。"八上第17课《昆明的雨》的课后"阅读提示"说："可以试着找出自己喜欢的段落，做些圈点批注，并通过朗读加以品味。"即便是自读课文，教师也是可以指导学生练习朗读的。至于教读课文，教师更要重视朗读能够以声传情的基本功能。七下第21课《古代诗歌五首》的"预习"写道："有感情地通读古诗，注意节奏和韵律，体会诗人表达的情感。"

读准节奏、把握韵律，是不可或缺的朗读技能。教材编者在七下《木兰诗》课后的"思考探究"中写道："《木兰诗》富有北方民歌特色，风格刚健质朴。如诗中多以口语化的问答刻画人物心理，以铺陈排比描述行为情态，最后以风趣的比喻收束全诗。从课文中找出一二例，说说你的感受，并有感情地朗读这首诗，注意体会其韵律、节奏。"七下《老王》的开篇写道："我常坐老王的三轮。他蹬，我坐，一路上我们说着闲话。"这句话中的"他蹬，我坐"，之所以不写成"他蹬我坐"，就是为了生成节奏和韵律，凸显两者身份的差异，以便传达作者的情感和意图。

读出文章的气势、风格、节奏和韵味，应当在语气、语调、语速以及音量变化上下功夫。语文课本多次提及这样的教学技能，这应当引起语文教师的重视。七下第17课《短文两篇》的课后"思考探究"写道："朗读课文，说说这两篇文章在语言风格上有什么不同。"八上第23课《〈孟子〉三章》课后"思考探究"说："《孟子》文章以雄辩著称，大量使用排比句，气势非凡。反复朗读课文，从中举一两个例子做具体分析。"八上第三单元导语说："反复诵读，借助联想和想象，进入诗文的意境，感受山川风物之灵秀，体会作者寄寓其中的情怀。"八上第 13 课《唐诗五首》课前"预习"说："反复通读课文，读出节奏与韵味，感受律诗的格律之美，领略五首诗作不同的风格。"作为语文教师，若是无法读出课文的气势、风格、节奏、韵律等，那就要好好补课。否则，这一块内容和技能就永远都是残缺的。

　　读出画面是教材多次提到的朗读技能。教材编者在七下《黄河颂》一课的"预习"中写道："在家国存亡的关头，在抗日的烽火燃遍祖国大地的时候，诗人站在高山之巅，向黄河母亲唱出了豪迈的颂歌。想象这一情景，有感情地朗读这首诗，要读出气势。"又在"积累拓展"中写道："举办以小组为单位的诗歌朗诵比赛。可采用合唱式朗诵的形式，设计好领诵、男女生分声部朗诵、合诵等，认真练习，在班里展示。"

　　想读出画面感，至少要做到三点：眼中有人，眼前有景，手上有势。若是两眼空空，双手无用，声音又不抑扬顿挫，画面感就很难呈现。例如朗读散文名篇《春》的语句："桃树、杏树、梨树，你不让我，我不让你，都开满了花赶趟儿。"想要读出画面感，那就要手上有势，以朗读者的位置为基准，边读边用手指指着某个方位，眼神还要同步瞧着那个方位：在读"桃树"时可以用右手食指向左前方顺势指一下，在读"杏树"时再用右手食指朝着正前方指一下，在读"梨树"时继续用右手食指对着右前方顺手指一下，这样就把三种开花的树安排得一目了然，各安其位，秩序井然，从而为这些花树争相赶趟而设计好布局。否则，离开手势对这些花树的位置分配，就会让这些花树长在一起，堆在一块，显得杂乱无章，反而不能凸显"你不让我，我不让你，都开满了花赶趟儿"的感觉。

　　除了利用手势对左中右方位进行切分之外，还可以对上下高低的层次进行布局。例如马致远的《天净沙·秋思》，朗读时可以这样处理：教师边读边用手掌指着某个方位，并用眼神瞧着这个方位：读"枯藤老树昏鸦"，眼看并指着的方位在左前方朝上；读"小桥流水人家"，眼看并手掌指着的方位在右前方朝下，读"古道西风瘦马"再微微抬起下巴，使胳臂和手掌做出伸向远方一样的动作，眼神随着手臂所向而动……这样就明确地把景物画面的高低层次体现出来了，使听众感到景物画面如在眼前，而且错落有致。

朗读标记是教师指导开展朗读训练的外在抓手。八下第 15 课《白杨礼赞》课前"预习"说："这篇文章特别适合朗读。不妨先浏览一遍，了解大意，边读边做一些朗读标记，然后大声朗读，读出文中的激情与豪气。"教材明确要求学生要做朗读标记，如果学生不会做，怎么办？教师要利用重音、停连、语调升降等符号教学，引导学生学会使用这些符号，为开口朗读课文打下基础。

总之，朗读水平的提高是一个渐进的过程，需要耐心和坚持不懈的努力。随着时间的推移，不断地开展具有专业性的朗读训练，可以显著提升自己的朗读水平，成为一个更加出色的语文教师。

22. 课堂教学拉近师生关系的技术

教育的目的是培养人。离开人，一切教育教学，都将失去价值。在某种意义上，教育学是人学，是培养人的学问。就中小学来说，教育就是培养青少年的学问，教师应当懂得青少年的心理，使学生亲师向学。然而，在教育教学实践中，并非每一位教师都能走进学生的心灵，让师生关系变得融洽甚至情比金坚，那应该怎么办呢？如果一线教师能够悉心学习人际关系处理的原则，并积极实践运用，最终探索出一套能够拉近师生关系的技术，这对一线教师开展教育教学的助力，自是不必多言的。

拉近师生关系，往往并不取决于课堂教学中师生之间的交往，而是取决于课堂教学前的彼此印象和综合判断。因此，拉近师生关系的技术，不能简单地认为，只要在上课时候注意修炼即可，而应当从课前、课下着手，以便在课堂教学的时候运用得更加娴熟、从容。也许我们不能立刻练出一种拉近师生关系的过硬技术，但至少可以从技术的角度知晓一些拉近师生关系的方法论。

在师生关系中，决定关系远近的因素往往首先是心理空间的距离。而心理空间的距离，往往又取决于表情、姿态、话语以及观点等因素的作用。有鉴于此，加强这些因素的管理，对于拉近师生距离改进师生关系，有着不可小觑的效用。

表情形象。在某种意义上，表情是心理距离的指示灯，表达心理距离的远近。一个人的表情，通常显示着这个人是否热情、开放，是否愿意与人打交道、走得近。冷漠的表情，往往给人留下一种拒人千里之外的印象，使人不敢轻易接近。忧愁的表情，跟冷漠的表情虽然不同，但也不太招人喜欢，常常使人不容易接近。在师生关系中，教师想跟学生拉近关系，相处融洽，务必要做好表情管理。对此，可以秉持的基本原则是，微笑为主，眼神明亮。这样的表情既使学生感到教师温和，也使学生觉得教师洞察一切，自己不能对教师欺骗隐瞒、敷衍了事。如果教师一直保持高傲、冷漠、鄙夷的神色和表情，可能会引起学生心理的反感或者拒斥，还想要再改善师生关系和拉近师生关系，其难度是可想而知的。

身貌形象。在师生关系中，教师的身材长相以及穿着打扮，都有可能对学生的心理产生某种影响。作为教师，虽不是模特、演员、主持人等比较看重身材与颜值的职业，但不意味着可以不修边幅、穿着邋遢。无论是从健康的角度来看，还是从对学生审美的影响来说，教师应当加强身体的锻炼、穿着的管理，甚至是饮食的控制，让身材保持在相对协调、与自身年龄比较匹配的水平。走进中小学便可发现，一些教师穿着老气，没有活力，显得死气沉沉，这跟年龄阶段老少并无关系，关键是自己的心理状态和审美品位。还有一些教师，原本是二三十岁的年纪，却是五六十岁的身体状态，走起路来，脚底拖地，没有多少年轻人本该具有的朝气和生机。一般来说，学生对这样的教师基本上保持着不远不近的距离，大体上也感受不到教师的活力和魅力。

姿态形象。在教室上课，师生常见面，教师无论是否意识到，都将会把自身的姿态呈现给学生。而这些姿态、动作等所建构出来的教师形象，能够给学生留下比较清晰明确的印象及判断：教师是不是容易接近？教师会不会好说话一些？这些心理活动和认知判断，可能在教师进门的一瞬间就已经展露无遗，很多学生就心中有数了。为了拉近师生关系，在姿态形象上至少要做到三点：一是不双手叉腰，以免给人盛气凌人的感觉；二是不双手交叉抱在胸前，以免让人感到拒人于千里之外；三是不伸双手按在讲台桌面上，以免给人看到伸头、弯腰、撅腚的不雅形象。

话语形象。语言是教师教学的重要媒介，讲解、点拨、提示、交谈、对话等等，莫不依靠语言。在这些教学活动中，教师说话的语气、腔调、音量乃至口音等，有可能形成一种话语形象。声音尖利、语速很快的教师，给人留下的感觉可能不太有亲和力，不太好接近，在短期内难以扭转学生的心理判断或思维定势。教师要想扭转学生的第一印象或刻板印象，拉近师生关系，可能要做好长时间努力的心理准备。而语调柔和，语速急缓适度，声音抑扬顿挫的教师，往往使学生感到比较亲切，认为比前者更容易接近。这样的教师可使学生减少畏惧感或距离感，更容易拉近师生关系。

专业形象。在课堂教学中，教师对于学科知识、专业技能以及社会生活的理解，往往显示出其专业的功底，最终塑造出一种专业形象。教师是不是内行人，是不是教学的高手，学生往往会在心中给出答案。有的教师经常忘词，讲着讲着就忘记自己讲到哪里了；还有的教师，在黑板上写字总是提笔忘字，在运算推理的时候总是出现差错。这些瞬间和场景给学生留下的印象是记性差、记忆力不佳，这有可能对教师的专业形象产生负面影响。而有的教师背诵诗文一句接一句，讲解时候妙语如珠，将艰深的知识、定理等说得通俗易懂，学生听到常常会心一笑，甚至哈哈直笑、笑不拢口，这给学生留下的是博闻强识、学识渊博、表达力强等印象，对教师的专业形象必将产生正面影响。将两类教师进行对比，专业形象截然不同，水平高下自见分晓。

人格形象。无论是在课上还是在课下，师生交往的终极，依靠的是人格之间的交往，其内在是心灵的沟通。学生是否交作业，完成作业是否认真，学习态度是否端正，尤其是在课堂教学中，学生是否集中注意力，回答问题是否积极……这些都会引起教师的关注及反应。而教师对学生的表现进行处理，究竟是批评还是鼓励抑或其他，都显示着教师的人格底色。特别是个别学生严重干扰课堂，大多数学生不会因为教师一味地忍让、妥协，降低课堂教学质量，就高看教师，恰恰相反，大多数学生可能觉得教师是毫无原则、没有魄力、不敢担当的老好人、滥好人。师生交往中出现的现象是复杂的，这是教育之所以艰难而见效慢的根由，也是教育最具魅力、耐人寻味的关键所在。从总体来看，教师应当塑造的人格形象是：面对学生违纪，坚持正面管教的原则，语气温和而态度坚定；面对学生进步，坚持真诚鼓励的原则，真实真切而入心评价。既让学生感受到教师发自内心的爱，又让其对教师产生一种敬意和佩服，这样的师生关系既有亲近感又有边界感，是比较理想的状态。

有必要指出的是，一些教师参加公开课，特别是到异地参加大型比赛，基本上都要借班上课，那就更要学会在极短的时间内拉近师生关系。有一次，笔者到一所名校上一节关于《乡土中国》整本书阅读的公开课，这个学校的大门口正好有一个巨型雕塑，是一本书翻开平放的造型，恰好学校官网上有一则关于收到社会捐赠图书的新闻，我就由此切入，快速地拉近了我和同学们的关系。借班上课形成的是一种临时性的师生关系，上课的教师应注意寻求师生之间的共鸣，如情感的共鸣、文化的共鸣、审美的共鸣、地域的共鸣以及姓名的共鸣等。有了共鸣，师生关系就能迅速拉近，这是相当奏效的做法。

常言道："万事开头难。""好的开头是成功的一半。"这都强调了学科、学期、学年第一课的重要性。每逢这样重要的时间节点，一些富有经验的教师，特别是善于掌握师生关系取得主动权的教师，总是给学生留下复杂的第一印象。例如，一位中年班主任在师生初次集体见面之际，踏着悠扬的上课铃声，刚进班门时候，教师表情是笑眯眯的，但是往讲台一站，立即用犀利的眼神扫视那些仍在说说笑笑、吵吵闹闹的学生，持续时间足有一两分钟，令全班学生深思，学生马上静得出奇，接着教师又是微微一笑，夸赞地说同学们真是懂事，能够遵守纪律又体贴老师，然后，话锋一转，提高音量，强调做人做事标准一二三，希望大家记心间。学生们对这样的教师既爱又怕，爱的是教师洞察大家的心思，关照大家的情绪，怕的是教师立场坚定还坚持原则，批评处罚起来毫不客气。

教师要通过多种维度构建自身形象，塑造一种镇得住人、控得住场、透得出爱的形象，使学生感到教师眼中有光、心中有人、手中有法。这样的教师和学生相处，将形成一种相当亲近而又边界明晰的师生关系。如果你感到自己不是那种逢场作戏的教师，也不是那种很会来事的教师，那你该怎么办呢？其实，这也好办，应该坚定选择的是：既不做逢场作戏型的教师，也不做一时热情型的教师，要做长久魅力牌的教师，做学生感到真诚而难忘的教师。

23. 教学课件的制作使用技术

随着信息技术在中小学的普及，信息技术与学科的融合性教学日益成为共识。其中，作为信息技术运用最为普遍的代表，当属课件。在很多课堂中，教师使用课件已经成为习惯。

在某种程度上，课件的出现，是对幻灯片、音频以及投影技术等电教资源与技术整合的结果，也是电化教学发展的必然。作为一线教师，应清醒地认识到，课件对教学支持是有限度的，并不是想怎样融合就怎样融合，也不是所有的学科内容都能够融合。在有限度地使用课件的情况下，如何制作使用课件而发挥课件在教学中的最大效益，是一线教师应当考虑的问题。这给一线教师带来某种启示：若必须使用课件，那么怎样提高课件的质量、提升使用课件的效益，究竟有哪些技术要点需要掌握呢？这需要一线教师认真思考总结，从而形成一套制作使用课件的方法论。

在一些擅长使用课件的教师看来，课件的技术关键在于使用前。换句话说，也就是制作课件的技术，才是跟课件有关的技术中的核心技术。怎样使用课件，主要取决于课件如何制作和制作的情况。一线教师在课堂上用好课件，比起课下做好课件的难度，自然要小得多。

根据个人实践经验，特别是在课堂教学中使用课件，课件应当追求这样的品质：真、善、美。也就是说，提升课件的内涵和品质，可从三个维度进行考量与着手：课件的内容是正确的，涉及的知识、图表、数字以及语法等不能出现差错，这是真；课件本身是实用的，无论是内容，还是布局、结构等形式，不侵害他人权益，方便操作，这是善；课件看起来美观，从内容到形式，特别是字号、色彩、图表以及符号等搭配合理，这是美。对于课件来说，真善美这三个字应当是最高层次的方法论，对应着正确、实用、美观。

从具体做法来说，中小学教师上课，特别是上好课的需要，对课件的制作提出了很高的要求。制作课件达到真善美，应当遵循以下原则：

其一，不出差错。在政治立场、意识形态等方面不能出现违背宪法以及相关法律规章制度的错误。除此之外，在知识、图表、文字以及标点符号等方面，也不能出现差错。这意味着，多次严格核查、校对课件，是制作完成课件必须履行的程序。例如：一位刚毕业于某名校的研究生，在执教《再别康桥》利用课件讲述徐志摩的生平故事时，说徐志摩在剑桥大学结识了狄更斯等老师和朋友，后来狄更斯访问中国，徐志摩还担任翻译，这立即引起了听课老师的注意，在下课后，有教师指出此处讲述与历史事实不符，备课、上课应当严谨，做到事实准确。

其二，色不过三。一线教师所用的课件，无论是文字，还是图表，往往用到黑色、红色、蓝色等色彩，但是色彩种类用得太多，也会造成色彩杂乱无序的现象，这可能对学生的心理注意及学习产生干扰。课件应当追求简约美丽，使用的色彩最好不超过三种，这就像一个人的穿着打扮一样，不能色彩繁杂，遵循不超三种色系的基本常识。

其三，动静适宜。一切在课件上出现的内容，无论是文字、标点，还是图画、表格，都不应过于跳动，甚至色彩和形状一直变换不停。在听课过程中，经常看到一些教师上课所用的课件，要么是用了动漫效果播放课件，要么是在页面上设置了动画，像表格、符号、卡通人物等部分，一直在动，或者变化色彩且闪烁不停。其实，这种做法会导致学生注意力分散，严重干扰学生的课堂学习。

其四，大小和谐。这指的是，图文之间、文文之间、图表之间等，应当注意搭配，不能大小比例失调，而应当讲究和谐，看起来赏心悦目。从总体上说，一个页面之内，其文字的字号、图像的尺寸以及表格的形状，应当有一个起着主导作用的类型，将基本有序作为底线，再谈下一步如何生动活泼。

其五，形神融通。这是课件页面所追求一种美的法则。"形"就是图像、文字、表格、标点符号等所具有的尺寸、格局、色彩等外在形式；"神"是指课件页面上的文字所显示出来的审美格调、情感色彩、品位旨趣等内在精神。这两者应当格调一致、息息相通。例如，教学《秋天的怀念》这篇课文，尽量不使用动漫，特别是字体要慎用红色，因为作者是带着怀念、歉疚等心情所写，大面积使用红色字体显然在色彩心理上与此心情不符。

其六，总量控制。由于中小学生注意力、体力等方面的情况，决定了课堂时间多为四十分钟到五十分钟，而这个时间长度也对教师所用课件提出了一定的要求。在四十分钟之内，一般以十页左右为宜，课件页面的总数最好是不超过二十页。若课件页面达到三十页，势必降低课堂教学的质量。我们可以计算一下时间分配情况：导入、结束，总计五分钟，还有三十多分钟，教师用的课件有三十多页，基本上是一分钟一页，很难摆脱忙着播放课件赶进度之嫌，教师几乎成为课件播放员。

在课件的制作和使用上，这六个方面的原则有着很强的指导意义，相当于一个实际操作方法论。之所以提出这六原则，是因为中小学教师使用课件的实践，当以简洁、务实、规范、有效为追求。

在某种意义上，课件的方法论，其实跟课堂教学的方法论有着某种一致性。例如，向往真、善、美，追求"言不尽意，立象以尽意"等。在此，应特别提到这样的方法论，即从国画、园林等艺术中提炼出来充满意境、富有哲学意味的方法论。

像苏州园林讲究"瘦""漏""透"，完全可以迁移应用在课件的制作使用上，将其作为具有审美意境而且能够统领课件制作使用技术的方法论。瘦，是简约，骨干挺立、架构突出，不芜杂、不斑驳陆离；漏，是留白，布局合理，避免满满当当、一点缝隙不留，不滞塞僵固；透，是通透，各种的内容和形式疏落有致，常有点睛之笔，气韵生动流畅。

课件"瘦""漏""透"，而不是"肥""满""浑"即臃肿、满当、昏暗，自然令人称道。课件的制作使用固然主要是技术，但要想达到美的境界，又怎么能够离开艺术审美的法则呢？以此类推，课堂教学非常臃肿、满满当当，又杂乱无章而看不清主线和板块，还能充满美感吗？毫无疑问，讲究"瘦""漏""透"的课堂，也完全可以变成更美的课堂。

随着人们对知识产权和教学伦理的重视，在制作使用课件的过程中，一线教师应当注意所用文字、图像、表格等内容的来源和出处，对一些有着明确出处且受知识产权保护的文献、数据、图画、音频、视频等，应当明确标注其著作者、引用来源或获取途径。这样的做法，并不繁琐，也不多余，既是尊重他人劳动创造的需要，也是追求个人治学严谨的需要。

24. 自觉锻炼自己的讲解能力

有人说，教师是"口力"劳动者，跟纯粹的体力劳动者不同，跟纯粹的脑力劳动者也不同，是一个典型的靠口吃饭的职业。还有人说，教师上课好坏，全凭一张嘴。这话虽有夸大之嫌，但也道出了教师口头表达能力的重要性。作为语文教师，以培养学生听说读写能力为己任，无论怎样重视"说"的能力、成为一个"说"的高手，都不是过分的要求。

在教师的口头表达能力中，教师的讲解能力是一个制高点，代表着教师口头表达能力的最高水平。或许，有人认为，演讲能力最能代表一个人口头表达能力。但是，中小学教师的主业是上课，在课堂教学能力中，演讲能力不占主导地位，而讲解能力才位居主导地位。上课效果如何，跟教师的讲解能力强相关，但跟演讲能力并不是强相关。对于演讲能力和讲解能力的关键区别，语文教师应有清晰的认知，不可将演讲能力和讲解能力混为一谈。在此基础上，语文教师需要采取有效的措施，尽早提升自己的讲解能力。

语文教师如何提高自己的讲解能力呢？一是看明白，二是说明白，两者缺一不可。看不明白，就说不明白。因为前者是后者的基础，没有前者就没有后者。当然，表达能力差，即便看明白也未必能说明白。说明白是表达能力，是用口头遣词造句的能力。这是另一种专项能力，跟看明白背后的认知能力不同，也是需要专门修炼的。

语文教师如何看明白呢？说到底，看明白就是透过现象看本质，拨开云雾见天日。能不能看透事物的本质和真相，这是一个人认知水平高低的问题。在电影《教父》里有一句经典台词："那些花半秒钟就看透事物本质的人，和花一辈子都看不清事物本质的人，注定是截然不同的命运。"这两类人之间的分水岭是什么？对事物本质的洞察能力。前者是智者，后者是迷者，注定是无法产生交集的两类人。认知水平高的人，就容易看透本质。

对于语文教师来说，提升认知，最容易做到的就是多读书。多读前辈们那种"做"出来的书，满满的干货。你可以盘点前辈们踩过哪些坑、受过哪些伤、走过哪些弯路、流过哪些血泪，总结一下前辈们的经验和教训。读万卷书，行万里路，都是提升认知的好途径。这意味着外出开会、专门进修等都是修炼的好时机。日常生活中的每一个细节，都是学习的机会；学生的每一个问题，都是精进的机缘。

读书，是语文教师的必修课。但是如何读得扎实呢？这就需要修炼，围绕咬文嚼字、字面意思、话中有话、话外之音、字里行间的情感等，下一番苦功夫，练一身真功夫。只有看得透，才能说得准、讲得清。

我在初登讲台的时候，市教研员、特级教师祝念亭问我："门户"是什么？"门"和"户"有什么区别？我当时一脸茫然。他指点我：门是两扇，户为一扇。经过查阅，我始知"门"始见于商代甲骨文及商代金文，其古字形像两扇大门，本义指房屋的两扇外门，与作内门的户相对。"门"是人出入房屋的必经之处，又引申为途径，但"户"则不可作"途径"之义的引申。后来，我读到古诗文的时候，对门户的理解就比较深刻。唐代李白的《子夜吴歌·秋歌》所写的"长安一片月，万户捣衣声"，用"户"代表人家；杜甫的《客至》所写的"花径不曾缘客扫，蓬门今始为君开"，用"门"代表自己房屋，那一刻我恍然大悟：两人诗句所用的字决不可互换，李白用"户"写出了长安城千家万户的百姓捣衣的繁忙，像妻子的一声声呼唤，等待丈夫归来；杜甫用"门"是双扇而不是单扇，写出了自己安居乐业的生活，虽然有些孤寂，但是逢见客人到来，内心欣喜就溢于言表。

看透是功夫，说透也是功夫。从看透到说透，中间有着一段不小的距离。这段距离的背后，实际上是"知"能不能"言"、善不善"言"的问题。就语文教师而言，"说"是"嘴上功夫"，可能也是自身教学能力中最实用、最便捷的"最上功夫"。那么，语文教师如何善说且能说透呢？在我看来，语文教师应当多用举例、类比、比喻等方式方法，将抽象难懂的道理或事物，说得通俗易懂，使学生过耳难忘。

在很长的一段时间里，我读了很多小说、诗歌和戏剧等文学作品及其理论著作，对其中的表现手法、表达技巧等方面的术语和概念，感到似懂非懂，没有真正理解。特别是渲染、对比、衬托和烘托等考点，我在辅导学生答疑时力不从心，感到这些概念互相纠缠、辨析不清，后来我读了特级教师董旭午的《我这样教学古诗文》，获益匪浅。特别是其以结婚妙说渲染和衬托的讲解，使我豁然开朗。这让我养成了重视举例说理、打比方讲解的习惯，让学生听了不仅感到新颖，而且感到贴切易懂。

下面，我就结合生活经验和个人理解，对前面所说的术语名词的区别作以阐说。还是用常见的婚庆场景当例子，围绕人、物、景等作以解说。整个婚庆典礼过程，通常要播放《百鸟朝凤》的音乐，唢呐一响，喜气洋洋，宾客们一入场就心花怒放，满脸笑容可掬，这音乐所起的作用就叫渲染氛围；手持花筒而喷出一阵阵的心形彩纸，这是为了烘托气氛；新娘出嫁，娘家父母落泪，而夫家父母喜笑颜开，以至于要被"抹花脸"，两家长辈的表情就是鲜明的对比；新娘和新郎是结婚典礼的主角，但还要请伴娘和伴郎，那伴娘和伴郎的作用就是陪衬或衬托。

除了举例、类比和打比方等手段之外，语文教师使用言简意赅、句式整齐的语句，也有助于一语中的，达到发人深省、使人记忆犹新的效果。例如，君子和小人的区别是什么呢？就可以这样解说：君子和而不同，小人同而不和；君子像太阳，走到哪里哪里亮，初一十五都一样；小人像月亮，走到哪里都借光，初一十五不一样。再如，情节和故事的异同是什么呢？可以这样解说：情节是有因果关系的事实，故事是无因果关系的事实。在此基础上，可引用英国小说家福斯特在《小说面面观》中的论述，其表达十分精辟："国王死了，然后王后也死了"是故事，"国王死了，王后因伤心而死"是情节。

采用言简意赅而又整齐的语句，多角度解说，使学生的理解产生足够的张力，学生也许就能在触类旁通中提升自己的认知。

　　培养学生正确理解并熟练地运用国家通用语言文字的能力，是语文课程的责任，也是语文教师义不容辞的责任。语文教师通过阅读、学习、模仿和实践，将自己变成一眼看穿事物本质的人，又能一语道破知识本质或学习天机的人，那该是何等可贵和令人敬佩！

25. 修炼语文教师的体态语

教师的体态语，就是教师在课堂教学中，运用身体的变化，如表情、动作、体姿、身体空间距离等，开展教学的辅助工具的非语言符号。就语文课来说，体态语的作用是，语文教师将其作为传递信息、交流思想感情的手段，开启、维持和促进学生的语文学习。

课堂教学是一项复杂的活动，涉及学生、教师、教学时间、教学空间等诸要素。这些要素对一节课的好坏成败，都有着直接而显著的影响。相形之下，教师的体态语对课堂效果的影响，虽然不如这些要素大，但却不可小觑。原因是教师的体态语有着多重意蕴，折射出师生关系、教师的教学理念，还有教师的教学投入程度。这些方面的意蕴，跟智力因素关联不大，多属于非智力因素，但对学生接受教师的程度、参与投入学习的程度以及自身情绪心理状态的调整等，却有着不可忽视的作用。

教师要重视发挥智力因素的作用。例如对课文的理解程度、对教学重难点研判设置的精准程度、对教学方法选用的适切程度等。教师还要发挥非智力因素的作用。例如教师的站位问题、表情管理、手臂及双手的姿势等。语文教师应"双管齐下"，建设高品质的语文课堂，让师生过上"情智双修"的语文生活。

站位，就是上课的时候，语文教师在教室中所站的位置。一节课的时间，不同的教师有着不同的站位中心。

有的语文教师，在黑板上板书、指着板书作讲解，需要站在讲台上，其余时间都泡在学生之间，方便近距离地观察更多学生的反应和表现。我们对其站位轨迹进行还原，描述其游走轨迹，很难发现突出的站位中心。

有的语文教师，自始至终都站在讲台上，即使有些学生学习心不在焉，甚至是做小动作或干扰其他学生，也不肯走下讲台，只是站在讲台上指出问题或点出学生的情况。我们描述其游走轨迹，不难得出结论，其站位中心就是讲台。当然，这样的教师不会走到学生身旁，也不会近距离地观察更多的学生，对学情的探测和掌握是相当粗略的，远远不及前一类教师。

当然，大多数教师处于两类教师之间，既没有第一类教师做得好，也不至于成为第二类教师，整节课都站在讲台上。这说明大多数教师都是普通教师，还有很大的改进空间。透过现象看本质，语文教师在课堂中的站位问题，说到底是思想站位的问题。教师有没有把学生当作学习的主体，有没有追求所有学生的进步，有没有依靠学生、发展学生、解放学生，都能从这里找到答案。根据"群众路线"的精神要义，教师应当深入学生，一切依靠学生，从学生中来，到学生中去。对照这种理解，我们可以明确找到自己的差距，不断地改进教学行为。

手势，是一种重要的体态语。恰切的手势，可以充分调动学生的注意力，引导学生的视线，促进学生跟上教学的进程。在提问学生时，教师作出一定的手势，掌心向上邀请学生起立，掌心向下示意学生坐下，手势配合着教师的口头指令，更能体现教师对学生的尊重。在板书时，教师的手势非常必要，特别是针对某些字词、简表、示意图等，更能集中学生的注意力，引发学生的思考。在阅读教学中，朗读中的手势，还可以起到勾勒画面、提示景物高低远近、情感强化弱化等作用。

以朗读唐诗《静夜思》为例，我们就能体验到手势的作用，是那样的不可替代。学生如果只是听到教师的朗读，没有看到教师的手势，未必会立即想象出诗句中的画面。这就需要教师使用恰切的手势，配合抑扬顿挫的朗读。朗读"床前明月光"，教师伸出手掌，究竟朝向哪里？是地面，还是半空中，还是天上？最适宜的手势是，在略高于地面但又略低于半空中的地方，教师伸出手掌，掌心向上，从这里逐渐指向天空，因为明月光是实写，终究要追溯其来源之处即天空。朗读"疑是地上霜",教师伸出的手掌,掌心向下,模拟几乎摸着地面的状态,画一个接近半圆的弧形,表示月光落在地面的范围之广。朗读"举头望明月",教师伸出手掌必须掌心向上,指向上空,同时抬起头眼望上空。朗读"低头思故乡",教师随着"低头"这个字的朗读,做出低头的动作;然后,将伸出的手掌慢慢收回到心口处,将掌心贴在心口上,因为"思"在心头;随着朗读"故乡",再略微抬起胳膊,让伸出的手掌倾斜向上,慢慢地指向远方。

身姿,是比手势更难能可贵的体态语。在某些时候,身姿和手势是协同使用的,共同起到传递教师教学意图、增强语言指令、推动教学的作用。作为语文教师,是站着讲课,还是坐着讲课,所引起的学生观感是很不相同的。在提问学生时候,教师面朝这个学生,身体略微倾斜,学生通常会感受到教师的关切;在指导学生做笔记或批注的时候,教师弯腰并用手势配合,会让学生感受到教师的指导是那么的细致入微。学生回答超乎教师的预期,甚至令人惊叹,教师不仅可以跟学生握手,即便是跟学生拥抱一下也无妨,反而增进师生关系,解除学生的戒备心理或紧张心理,营造更加愉悦融洽的课堂气氛。

表情,是人类面对面沟通中使用频率最高的非语言符号。人人皆有喜怒哀乐,教师也应大力挖掘其辅助教学的价值,以提升学生学习的质量和效率。在理答中,教师善于使用表情,可以发挥意想不到的作用。例如,学生的回答是错误的,教师听到后,不应该是麻木的表情,其第一反应应当是微笑着以示鼓励,而不是责备,同时通过降低难度,或更换角度,或类比解释,或提示线索,再抛出一个引导性的问题,以启发学生重新思考或进一步思考。假如学生的回答是正确的,教师可面带微笑及时给予肯定,但还应带着疑惑或思考的凝重表情,追问其思考的依据、道理和逻辑,从而将学生带入深度学习。

像痛苦的表情、激动的表情等,无论是理答,还是朗读,抑或是表扬和批评，教师都可以拿出来用一用。毕竟最有人情味的教学，最容易入情，入情则易于入理。

教学不是表演，但教学具有公开性。教师的教，向学生公开；学生的学，不仅向教师公开，而且向同伴公开。在公开场合所开展的活动，除了具有一定的仪式感之外，还具有一定的表演性成分。例如上课、下课、集体起立背诵等，非常具有仪式感。那么，不妨就在教学中恰如其分地运用体态语，挖掘体态语所具有的表演性，以提升其教学价值。对语文教师来说，应重视体态语的修炼，因为体态语是一种教学资源，也是一种教学手段，还是一种塑造为人师表形象、提升语文课堂内涵的途径。

26．课堂教学突发意外的应对技术

　　课堂教学是事先预设和现场生成的融合体。从教学操作处理来说，课堂教学设计就是事先预设的集中体现，而课堂突发意外就是现场生成的典型代表。这里的课堂突发意外是一种特指，不是指学生在课堂教学中突然生病、吵架等非教学现象，而是指超出上课教师原先预设的教学活动。例如，学生的提问完全超出了教师的预设，学生的回答属于教师的知识盲区等。研究课堂教学突发意外，是为了研究如何在预设的基础上开展高质量的生成式教学，或者说提高课堂教学中生成性的成分。

　　在刚登讲台、初为人师的时候，笔者读到过这样的一篇文章写上课点名的事。教师上课点名，恰好一个学生的姓名有个生僻字，而教师没有事先做好功课，就故意念漏姓名，还一本正经地问大家刚才没有念到谁的姓名。最终结果是，这个没有被点名的学生只好自报家门，用响亮的声音说出自己的姓名。这个故事给我留下了深深的思考：教师这样做，真是妥当的吗？我想到了孔子的名言：知之为知之，不知为不知，是知也。用虚伪耍滑在学生面前虚晃一枪，以为自己真就把学生骗过去了。事实上，教师不懂装懂是骗不过学生的。

　　无论是教师还是学生，面对知识和学问，懂就是懂，不懂就是不懂，不懂装懂是非常可悲的。从教学伦理的角度看，故事中的这位教师是有悖于教学伦理的，其教学缺乏真诚。而教师以欺骗的形式教学，并不是为了保护学生而不得不做的善意撒谎行为。这位教师完全可以实事求是地说，自己不认识学生姓名中的某个字，向这名学生发出邀请，由学生讲述姓名的由来与寓意，并解释生僻字的含义、用法。

从这个故事可以得到两点启示：一是充分地做好备课的功夫，坚持只要上课就要备课，绝不停歇；二是对待知识学问要实事求是，不能仅仅把学生当作接受教育的对象，而应当把学生当作教师的帮手、助手。所以，做足功课，永远是应对课堂教学突发意外的底气；真诚对待，永远是应对课堂教学突发意外的法宝。

充分地做好备课的功课，其实就是做足功课，而这件事是说着容易做着难。那么，一线教师应该如何做足功课呢？笔者认为，可以从三个方面入手。

其一，从学科专业建设入手。首先，要把教材重难点吃透，格外关注生僻字、课下注释等内容；其次，阅读课文的全文以及作者的其他作品集，为理解课文建立一个广阔而深厚的背景；再次，坚持观摩和研读名师课堂实录或教学视频，以便在前人积累的基础上探索而不至于从零开始枉费功夫；最后，能够实现本学科教学的小初高一体化，使自身的教学前后贯通而变得更有价值。

其二，从社会生活阅历入手。首先，教师根据课文中所写的人和事，并带着这些人事以及问题和现象等，走进社会，观察社会中类似的方面，以便帮助学生建立其跟社会生活的链接。其次，教师善于思考当前社会上的时代难题、典型现象以及前沿热点，使自己跟时代和社会的发展保持同步，以免落后于学生，在学生提问时自己措手不及。再次，研究学生的心理、兴趣以及关注点，多跟同事、同行以及专家等交流，使自己对学生的好奇心以及疑惑点有所储备，以免被动受窘。

其三，从历史文化积累入手。首先，积累所教学科的历史文化。作为学科教师，所教的学科原本是有学科文化或学科发展史的，这是一线教师应当阅读和学习的。其次，熟知本地的历史文化。了解本地在自然资源、社会发展以及人文历史等方面的优势与不足，以便在课堂教学需要使用时信手拈来。再次，饱览祖国的大好河山、人文胜迹。自然风光、人文名胜等，凡是跟本学科有关联的地方，力争多行走，用脚底丈量一下，适时、适量、适度地扩展迁移。

作为语文教师，除了做好这些方面之外，还应该开展一些属于语文学科、语文教师独有的项目或活动。例如，围绕文字的音形义下功夫，不妨这样叩问自己：我是否翻烂了一本成语词典？我对商务印书馆出版的《现代汉语词典》是不是经常翻阅？对商务印书馆出版的《古汉语常用字字典》所收录的高频且重要的字，是否选择一批专门背诵？再如，围绕写作的术语下功夫，不妨反思自己：写作学词典或文章学的术语专著之类的书，我究竟读过哪些？当然，还有文法、语法、词法、修辞等方面的工具书或专著，是不是下功夫读过？作为一线教师，如果读过这多么种类的工具书或专著，那还要继续追问：我在语文教学中应用了吗？对于这些书籍，一线教师阅读的目的毕竟不是为了记住，而是实践、应用、转化，将其变成提高自己教学水平的新的增长点，进一步解放教学生产力。

关于教师如何应对教学突发意外的问题，鲁迅先生曾在《从百草园到三味书屋》中写到其业师寿镜吾老先生的处理。其相关情节是这样的：

第二次行礼时，先生便和蔼地在一旁答礼。他是一个高而瘦的老人，须发都花白了，还戴着大眼镜。我对他很恭敬，因为我早听到，他是本城中极方正，质朴，博学的人。

不知从那里听来的，东方朔也很渊博，他认识一种虫，名曰"怪哉"，冤气所化，用酒一浇，就消释了。我很想详细地知道这故事，但阿长是不知道的，因为她毕竟不渊博。现在得到机会了，可以问先生。

"先生，'怪哉'这虫，是怎么一回事？……"我上了生书，将要退下来的时候，赶忙问。

"不知道！"他似乎很不高兴，脸上还有怒色了。

我才知道做学生是不应该问这些事的，只要读书，因为他是渊博的宿儒，决不至于不知道，所谓不知道者，乃是不愿意说。年纪比我大的人，往往如此，我遇见过好几回了。

鲁迅先生本想向业师寿镜吾先生请教一种名叫"怪哉"的虫子，没有想到业师不仅拒绝回答，而且面带怒色，自己等于吃了先生的闭门羹。在笔者看来，寿老先生的处理自有一番深意。《礼记·大学》有云：知止而后有定。"止"，何尝不是教师的教学智慧呢？无论是学业精进，还是阅读兴趣，抑或人生志向，这对鲁迅先生都是鲜明的表态和及时的提醒。当然，这种表态和提醒应当建立在教师博学、智慧的基础上，否则难以使人信服，也不可能对学生的学业精进以及人的终身发展起到积极作用。

在上课过程中，教师遇到突发意外，还可以采取"因材施教""相机而教"的做法，化意外为资源，生成别样的精彩。例如在教学《背影》这篇课文时，有学生提问：父亲"穿过铁道，要爬上那边月台"，明显违背了交通规则啊。对此，教师没有直接说明当时交通规则是否已有这样的规定及其是否严格的问题，而是反问一句：父亲这样做有危险吗？学生回答：有！教师立即追问：有危险，为什么还要那样做？学生回答：父亲爱子情深。在这则对话中，教师通过反问和追问，扭转了学生的思考方向，从法律角度和法治意识转到了作者的写作意图和写法之妙，不经意间化繁为简，可谓四两拨千斤，顿时生成了别样的精彩。这位教师堪称妙问生花，学生原本抛出的问题、话题等素材性资源并非"佳材"，很有可能导致课堂教学陷入僵局，但教师偏偏瞬间看透其材，又就地取材，因"材"施教，使课堂教学翻转过来，将学生带入对课文的深度学习之中，可谓妙哉！

从一线教师遇到课堂教学突发意外的实践来看，也许可以形成这样的处理技术或方法论：其一，平时做足功课，努力做到有备而来；其二，遇到时保持冷静，可请当事者说明想法或动机，也可抛给其他同学协助解决，还可以诚恳告知不懂而等待课后再解决。总之，课堂教学突发意外，既考验教师的多年积淀和基本功，也考验教师的临场应变能力和教育智慧。作为一线教师应终身学习、勤勉修为，以期成为积淀深厚、基本功扎实而又富有临场应变能力和教育智慧的教师。为师如此，自己又何尝不是学生期盼、同仁尊敬的优秀教师甚至卓越教师呢？

27. 课堂教学结束的技术

常言道，编筐编篓，重在收口。在某种意义上，一堂完整的语文课的结束技术，其实就是做好课堂结语的技术。之所以这样说，是因为课堂结语是结束一堂课的主要形式和常用手法，此外，还有画图、演示、布置作业等作为课堂结束的形式与手法。为了更加集中有效地提升课堂教学结束的技术，在此主要探讨课堂结语这种形式与手法，对其他的课堂结束的形式与手法也会有所涉及。

根据课堂教学实际以及学者研究成果，课堂教学结束这部分的功能主要有四：其一，结束本堂课的作用，这是不言而喻的功能，也是最基本的功能；其二，总结本堂课的主要内容，将本堂课所学的知识、技能及主旨等内容，概括成言简意赅而又令人印象深刻的几句话；其三，铺垫下堂课的作用，这是为下一堂课的学习或预习留下问题或悬念；其四，导向课下学生自学，通过课堂学习获得语文的知识、方法、动力等，顺势为学生课下自学语文提供支撑。从这四种功能来看，我们语文教师对待课堂教学结束不能草率了事，而应当像对待课堂教学导入一样，通过匠心运思提高其质量，使学生在课堂学习结束时有种意犹未尽、余音袅袅之感。

按照不同的维度或标准，我们可将课堂教学结束划分成不同的类型。例如，根据所侧重的内容，可分为：诗词结语、生活结语、警句结语、历史结语等；根据所使用的媒介，可分为：言语作结、视频作结、图表作结等；根据言语的风格，可分为：激情性结语、温和性结语、平实性结语等。事实上，一线语文教师的课堂教学结束部分并不使用固定的方式或内容，这意味着教学结束部分也存在着预设与生成的问题。例如，有时下课铃声响起，可能还剩余一点教学内容，然而考虑到学生课间休息、做操等各种安排，教师未必用得上预先准备的结语，但也只好果断下课，为这堂课画上一个不那么圆满的句号。

为了更好地做好课堂教学结束这部分的工作，提升相应的业务技术，我们不应当满足于诗词、警句、言语、视频及其混合等类型的识别或使用，而应当研读名师的课堂实录，揣摩其浑然天成、妙手偶得但又匠心独运的课堂结语，以期提炼出某些规则或技术操作要点。换而言之，学习语文前辈名师的教育智慧，形成自己关于课堂结语的主张和操作技术，这是一线语文教师必做的常规功课。

一、特级教师宁鸿彬教学小说《驿路梨花》的课堂结尾

《驿路梨花》的课堂实录共有两个课时，然而这两堂课的结尾各有特色，也都非常符合课堂教学结束的主要功能。下面摘录课堂实录的结尾部分，再分别对其作简要分析。

第一课时的结尾：

师：说得很好！正是这样。这篇课文从"我"和老余所见所闻的角度来看，这"住宿，曾宿，建管接"，正好是先遇到的事先写，后遇到的事后写，这是顺叙。（板书：∪）从茅屋自身经历的角度来看，这"住宿、曾宿、建管接"，正好是后发生的事先写，先发生的事后写，这又是倒叙。（板书：∩）这就是从不同角度全面地看问题。这种写法可以叫做"顺叙倒叙重合"，这也正是本文构思的巧妙之处。明白了吗？（众生点头）（下课铃响）好，这节课先学习到这里。下课！

研读这个课堂结尾的文字实录，我们能感受到教师对本节课学习课文的重点，即小说的叙述顺序，作了凝练而条理清晰的总结，巩固了学生课堂所学、澄清了学生认知的迷雾。这属于对当堂所学内容作简明扼要总结的典型案例，值得广大一线教师学习和借鉴。

第二课时的结尾：

（师）……下面复习一下本课学习的词语。（出示卡片：修葺）

生（82）：修葺意思是修理房屋。葺，是用茅草覆盖房顶。

师：对。（出示卡片：迷茫）

生（83）：迷茫意思是广阔而看不清的样子。

师：对。（出示卡片：陡峭）

生（84）：陡峭意思是形容山势直上直下。

师：对。（出示卡片：简陋）

生（85）：简陋意思是（房屋、设备等）简单粗陋，不完备。

师：对。（出示卡片：修长）

生（86）：修长意思是长。修，也是长的意思。

师：对。（出示卡片：晶莹）

生（87）：晶莹的意思是光亮而透明。

师：正确。

（铃响）

师：这篇课文就学到这里！

下课！

通过复习当堂所学的词语而结束，也是属于课堂结束中的总结性质操作。特别是教师所说的"这篇课文就学到这里"，既不拖泥带水，又非常朴实。

二、特级教师宁鸿彬教学消息《人民解放军百万大军横渡长江》的课堂结尾

师：这则新闻，毛主席不仅报道了敌我双方的情况，而且还就一些情况作了分析。关于分析的内容我们就不研究了。下面大家回顾一下这堂课讲的内容。

师：这堂课我们讲了新闻的结构，它包括标题、电头、导语和主体。标题是新闻的提要，导语是新闻的概述，主体是新闻的详叙。为了好记请大家抓住"一个语句""一段话"和"几段话"这三个要点。

这堂课我们还讲了新闻的两个特点。写新闻要做到真实和及时，否则就失去了新闻的价值和意义。

师：下面检查刚学过的两个词。（出示卡片：溃退）

生（30）：溃退的意思是被打垮而败退。

师：对。（出示：锐不可当）一起说。

生（齐）：锐利无比不可抵挡。（响铃）

师：对！这堂课我们就上到这里。

下课。

教学这篇经典的课文，课堂结束部分做了两项工作，一是总结当堂所学的消息的文体、结构等方面的知识，二是复习当堂所学的重要词语。这样的课堂结束方式，可谓综合了《驿路梨花》两个课时结尾所用的方式，既是可行的，也是高效的。

三、特级教师宁鸿彬教学小说《我的叔叔于勒》的课堂结尾

师：很好。刚才我曾经说过，学习这篇课文我还要教给同学们一些读书方法。大家在阅读和讨论时已经运用了这些方法。回忆一下这两节课，说说是什么方法？

生（92）：对比法。

师：对。还有吗？

生（93）：通过研究人物的行动理解人物的心理。这能不能叫"由表及里法"。

师：非常好。你不但领会了这种阅读方法，而且能够正确地给它命名，值得称赞。希望大家今后注意学习运用这两种方法。

师：下面我们复习一下本课学的词语。（出示卡片：狼狈）

生（94）：困苦或受窘的样子。

师：对。（出示卡片：阔绰）

生（95）：阔气。

师：对。（出示卡片：莫名其妙）

生（96）：不能说出其中的奥妙。

师：对。（出示卡片：褴褛）

生（97）：衣服破旧、破烂。

师：对。（出示卡片：拮据）（下课铃响）

生（98）：手头紧，经济境况不好。

师：正确。这篇课文我们就学到这里。

下课。

在这篇课文的教学即将结束时，教师着眼于两个方面开始结尾。其一，着眼于当堂学习课文时所用到的方法，师生一起对学法作以总结。其二，着眼于当堂所学课文中的重要词语，师生一起完成检测和巩固工作。这种收束结尾的做法，跟教学《人民解放军百万大军横渡长江》的课堂结尾，颇有一致性。由此可见，优秀的课堂结尾技术，只要具有超高的性价比，完全可以练成自己的教学绝活、上课招牌。

四、特级教师钱梦龙教学文言文《愚公移山》的课堂结尾

生：现在我们建设四化，就要发扬愚公移山的精神。

师：对了，学习愚公移山的精神，这就是我们读了这篇文章以后应该受到的教育。我们要不要做乖老头？

生：（齐声）不要。

师：对，乖老头自以为聪明，无所作为。我们要学愚公的精神；或者呢，就学学那个京城氏的孩子，跳往助之，高高兴兴地去为四化出力。同学们，我们上了两堂课，大家学得这样好，老师教得很愉快。你们呢？

生：很愉快。

师：好，再见！

生：再见！

在课堂结束时，围绕课文着意凸显的人物形象以及主旨，教师紧贴着学生发言的内容，趁势引导学生升华思想认识，蕴涵着立德树人的教育目的，可谓神来之笔、点睛之笔。其思想教育并非说教，而是随着学生认识的发展而自然而然地生成，如同春雨润物无声一般融入教育意图，毫无斧凿、刻意为之的痕迹。这样的课堂结尾属于升华主题的类型，着实余味悠长而耐人寻味。

五、特级教师于漪教学散文《晋祠》的课堂结尾

师：开头我们说了，晋祠只是《中国名胜词典》（出示书）中山西省太原市的一个条目，而这本词典有一千几百页，晋祠只是一个小小条目。由此可推知，我们祖国的名胜古迹星罗棋布，在世界上罕见，是首屈——

生［集体］：一指的。

师：我们祖国历史悠久，中华民族数千年深厚的文化平铺在［手势：平铺］我们960万平方公里的土地上，你无论走到哪儿，都可以看到名胜，都可以看到古迹。刚才你们讲到的故宫、颐和园、秀美的西子湖等，讲到的遥远的西藏、新疆无不有我们祖先的文化遗迹，这些历史文化哺育着我们世世代代的中华儿女，我们世世代代中华儿女从祖国深厚的文化中吸取了大量的精神养料。今天，我们同样要从中吸取精神养料，不能愧对［食指向上］——［师生同声］我们的祖先。今天学《晋祠》，领略它的风景美、历史文物美，长大以后，不仅要读万卷书，还要力求——

生［集体］：行万里路。

师：对，行万里路。有机会到祖国各地考察，放眼观看我们的壮丽山川，从中吸取丰富的养料，滋养自己，成为精神丰富的人。

今天这堂课就学到这里。下课。

这堂课的结尾，可谓匠心独具：既涉及课堂所学课文的内容，又扩展到与之相似的更多内容，还触及了词典条目和散文在写法上的不同，最终引领学生升华到"读万卷书，行万里路"，做"精神丰富的人"。这种综合式的结尾，蕴涵着知识、学习和做人等多方面的价值，足以成为一线教师课堂结尾的楷式和高标。

选择名家教学的经典课例，研读并提取其课堂结尾的技术，给我们一线教师带来了深刻的启示。课堂结尾往往是有备而来的，在具体实施中讲究有的放矢。在时间长度上，诸多名家课例的课堂结尾所用时间都不太长，基本都控制在三至五分钟，以三分钟左右为宜。课堂结尾不仅是一个为物理时间结束画上句号的工作，更是对一堂课所学的知识、方法的总结梳理以及所学课文主旨的升华，教师应努力追求通过知识学习完成教育立德树人根本任务的效益最大化。

28. 自觉训练课堂管理能力

只要教师走进课堂开展本学科的教学，课堂管理就已经发生。无论学科教师是否意识到自己在进行课堂管理，但课堂管理确实已经发生。只是学科教师对课堂管理有一定的自觉和明确的干预，其课堂管理属于自觉行为而已，未能自觉也无明确干预的课堂管理，则属于自发行为而已。语文教师对此应有清醒的认识，及早养成自觉开展课堂管理的习惯和能力。

有人认为，语文这门课有着浓厚的情感成分和浪漫气息，很多文学作品充满诗情画意，怎么可以理直气壮地进行课堂管理呢？如果开展课堂管理，学生不喜欢语文课了，怎么办？学生即便喜欢语文课，但不喜欢语文教师了，怎么办？再说，不是还有班主任一直在进行班级管理建设吗？类似的想法和说法，不胜枚举，但这些都是缺乏教育理性的念头和行为，甚至是有毒的念头和行为。对语文教师来说，这一点都不可取，决不能认同与照做。

从课堂主体来说，谁上课，谁来管理课堂。因为上课的教师是那一节课的直接责任人，这是无可推卸的责任主体。班主任虽然能够管理全班同学正常上课，并且负有监督学生遵守纪律、养成学习习惯等方面的责任，但不可能每节课都了若指掌。因此，对于课堂管理这项工作，上课教师人人有责。

语文教师要提升自己的认知，破除课堂管理主要是班主任的职责的观念，建立自己主动管理课堂、提升课堂管理水平的认知。那么，若要课堂管理，究竟管理哪些方面呢？

第一，查看班级人数，做到心中有数。清点全班学生到位情况，貌似小事一桩，实则事关学生遵守纪律和生命安全等情况。对于重点学校或重点班来说，学生学习习惯较好，一般不会私自逃课，但是，对于普通学校乃至薄弱学校的薄弱班级来说，那就不一定了。语文教师在进教室时就清点人数，或询问班长、课代表等人，便可掌握学生到位情况。这对保护学生人身安全和维护教师自身权益，消除可能发生的风险，都是很有必要的。

第二，观察学生情况，引导课堂风纪。一般说来，在上课前，学生要么处于热闹状态，要么处于冷清状态。其原因是学段不同，学生表现不同。热闹多是小学生或初中生，冷清多是高中生或中职生。关于学情的具体表现，教师在进入教室的那一刻要有判断，进而采取敲黑板或击掌等方式，唤醒、扭转学生的有意注意，以便及时调整到正常的学习状态。通过这样一系列的管理操作，目的是引导学生形成良好的课堂风纪，为愉快而有效的课中学习打下坚实的基础。

第三，监测违纪行为，维护学习氛围。在课堂教学过程中，教师要根据平时上课的观察经验，列出需要重点关注的对象。例如每个班级都有一些学困生，学习习惯和有意注意都欠佳，往往容易存在传纸条、说小话、逗弄同学、做小动作等行为。教师对这类同学不加强管理，其学业成绩注定无法提高，违纪现象也会越来越严重。所以教师对这类学生要多加关爱，适当多提问、多手把手地指导，以防其掉队而落下太远。

除了以上三个方面，还有其他一些方面需要加强管理。例如，课堂训练的管理，有的同学积极参与训练，但有的同学却不参与训练，也没有做小动作等违纪情况，作为教师，你该怎么办？类似的情况有默读课文、朗读语段、读注释、写字、做题等，语文教师都要有一套相应的管理措施。

在开展课堂管理的时候，语文教师采取相应的措施，如何产生实效呢？依笔者之见，这不是一朝一夕就能做好的，而是要反复尝试、不断领悟、坚持改进，方可收到比较显著的成效。作为语文教师，既要看到语文课和其他学科的课存在的不同之处，也要看到语文教师和班主任的不同之处，坚定地做一个教育工作的长期主义者，探索属于语文教师的课堂管理之道。

为了做好课堂管理，作为语文教师，不仅应从学情入手，而且应从自身的改变做起，形成"言传不如身教"的榜样效应。基于此，教师可形成一套具有个人特色的课堂管理方法论，指导自己改进课堂管理的措施与实效。下面的三个原则，可供参考：

其一，心态自然平和。面对学生违纪或不够听话，很多教师总是表现出生气或不耐烦的样子，这固然可以理解，但这并不能解决问题。更重要的事情是，教师能否怀着一颗自然平和的心，观察并辨析违纪行为的程度和性质，进一步做好归因分析，以便梳理出对策。无论怎样，心态平和都是以不变应万变的根本。生气只是手段或权宜之计，不能作为解决问题的根本之道和长久之计。

其二，关怀爱护为基。教育的对象是人，教育的目的是培养人，教育的根本任务是立德树人。人是活生生的人，犯错误是必然的事情，只是概率大小、频率高低、程度轻重等方面存在差异而已。在中小学阶段，学生是未成年人，是发展中的人，在心智等方面还不够成熟，这意味着教师应当对其以关怀爱护为基础，将批评、鼓励或赞美等作为手段，以期取得比较显著的效果。通常说来，老年教师较为慈祥和蔼，而青年教师和中年教师则相对严厉，这可能跟年龄阶段和人生阅历有关。有时候，同样的一句话，出自饱经沧桑的老人和出自少不更事的新手，听众的感受是不一样的。其中的奥妙，可能在于做好教育需要知识，但不能仅限于知识，还需要实践智慧，特别是一眼看穿人心的洞察力，一针见血指出问题却又能委婉表达而使人愉快接受的表达力。关怀爱护，不仅是对学生之间所谓面子的体察，还是对学生作为人需要尊严的尊重，更是师者仁心的自觉行为。

其三，方式方法适切。人各有性情，各有特点。这就提示着因材施教的重要性，不能期望一种方法教好所有学生，应注重方式方法的独特性和适切性。对于学生违纪现象，选择相应的方式方法，我们可考虑三个维度：学生性格、违纪程度、帮扶人手。学生的性格究竟是急躁的，刚直的，慢热的，还是其他类型的？违纪的程度是轻微的，一般的，严重的，还是已经违法，甚至是犯罪了？帮扶的人手是教师自己，是师生联合，还是教师联合，或是教师家长联合，抑或其他？通过这样的精准细分和多维交叉，就为快速找到相应的方式方法提供了思维框架。

面对学生违纪是经常发生的这一事实，我们应少用或摒弃急躁的心态、严厉的语气和蛮横的手段，而应当采用温和而坚定的语气，理性思辨，择取适切的方法。

若跟违纪学生进行沟通，我们的具体操作应稳而有序，坚守尊重学生而又教育学生的底层逻辑。按照马歇尔·卢森堡的《非暴力沟通》所讲的四个要素：观察、感受、需要和请求，或许可以取得更好的效果。

第一，仔细观察。留意发生的事情，不管是否喜欢，只是说出人们所做的事情，清楚地表达观察结果，而不判断或评价。比如，妈妈对儿子说："儿子，你书桌上的书籍、作业本、臭袜子放在一起呢。"

第二，表达感受。如受伤、害怕、喜悦、开心、气愤等等。比如，妈妈对儿子说的话："儿子，你书桌上的书籍、作业本、臭袜子放在一起很乱，我不太高兴。"

第三，说出有哪些需要。例如，妈妈对儿子说："儿子，你书桌上的书籍、作业本、臭袜子放在一起很乱，我不太高兴。因为我喜欢干净整洁。"

第四，提出请求。还是这句话，妈妈对儿子说："儿子，你书桌上书籍、作业本、臭袜子放在一起很乱，我不太高兴。因为我喜欢干净整洁。你是否愿意把书和作业本摆放好，把臭袜子拿去卫生间洗干净呢？"

与人交流时，清楚地说出非暴力沟通的四个要素所对应的话语，借助这四个要素，诚实地表达自己；同时，也借助这四个要素，关切地倾听对方，体会对方此刻的观察、感受和需要，与他们建立联系，然后聆听他们的请求，来发现做什么可以帮助他们。当然，我们按照四个要素进行"非暴力沟通"，表达自己或倾听他人完全没有固定的公式。我们使用四个要素及其顺序，可以适应不同的情况，并根据个人风格和文化环境作出调整。

教师面对学生违纪，处理违纪行为，跟学生进行沟通，应当抱持理性而温和的态度，采取适切的方式方法。这样可使学生自己检视和反思错误，形成自我改正的认知，最终自愿提出解决的措施和办法，而不是使学生感到是教师要求其改变，造成师生关系的对立和紧张。处理学生违纪行为，只是教师开展课堂管理的一个方面，并非课堂管理的全部。课堂管理的目的不是为了维持秩序和表面上的安静，而是促进师生融合，形成教学共鸣，进入深度学习。课堂管理的根本在于，提高教师的专业化水平，加强专业内涵建设。这是语文课上减少学生分心、消除违纪行为、培养有意注意、促进学生有效学习的根本之道。

29. 作业批改快捷有效的方法

在语文教师眼中，作文、作业和文言文，素有"三座大山"之称。大概源于这三类学习任务颇为艰巨，工作量大，而且不易见效。那么，作业作为"三座大山"之一，一线教师应当如何处理呢？再具体一点来说，哪个教师不想又好又快地处理学生的作业呢？所以，探索作业批改快捷有效的方法，亦是一线教师的迫切需求。

作业批改想要达到快捷有效，这意味教师对作业的批改是有明确指向的，至少要做到两个方面：消耗的时间短，学生的受益大。从实践来看，教师批改作业想要快捷、有效，必须把布置作业这个事情摆在优先位置，在布置作业前就要有所考虑：一是让学生能够做完，那就意味着必须进行作业总量的控制，坚决不能超过总量；二是让学生能够顺利做完，那就意味着必须进行作业难度的控制，坚决不能只做难题；三是让学生有做题的时间，那就意味着必须选择恰当的时机。根据这些考虑，布置作业要做到：适量、适度、适时。

布置完作业，教师还应发挥自己的"作业领导力"，带领学生把作业完成当成课程与教学的分内之事，不能将作业直接甩给家长，一甩了之。比如说，学生常说自己课下没时间，这是因为大多数的学生把数学作业、英语作业摆在了优先位置，当然还有一些学生将玩耍排在了第一位。面对这样的状况，教师应当"三立"：立足课堂，立足学情，立足完成。试想：课堂上做作业，有教师的监督和指导，学生随时可以向教师求助，而课下做作业，学生还有这样做的便利吗？在课堂上做完作业，立即讲评，限于时间，不能每题都讲，面面俱到。作业难度形成阶梯，总量有控制，当堂能完成，当堂能讲评，这样布置作业的实效是最高的。

近些年来，关于作业设计、布置的问题，有一种"零作业"的说法。"零作业"，其实不是说没有一点作业，而是说课下基本不留作业，即使有一点，也不是习题或试题，而是围绕阅读书籍、实践调查等所设计的任务，目的是通过这些具有操作性、实践性的任务，使学生运用知识和方法，活化理论与知识，涵育并提升语文学科核心素养。

面对课堂上布置作业、完成作业、讲评作业，而不再布置课下作业，一线教师可能要疑问：课时有限，一周就那么几节课，哪里来的时间呢？这问得好，切中了课堂教学的核心。课堂是做什么的呢？学科的概念、知识和技能，不该在课堂教学中学好吗？这就要求教师把学科的概念、知识和技能吃透弄通，而不是只停留在懂或明白的层次上。但目前不少一线教师对本学科的知识等内容，没有达到通透的程度。例如，对艰深的知识学问，还做不到通俗易懂地讲解，简单易行地操作，生动有趣地点拨。

透，是理清来龙去脉，可以带着学生重演知识的发现和生产的过程；通，是做到举一反三，对这一知识和其他知识之间的相同、相异了如指掌。在通透的基础上，选择精要的习题、案例或材料，使学生能够沉浸其中、当堂达标。力争把作业上的试题转化为教学材料，这就减少了课下作业的总量，让教师在很多时候就没有布置课下作业的必要。一言以蔽之，教师还是要以提高业务水平为本，向课堂要效益，而不能总是抱着"堤内损失堤外补"，妄想利用课下作业这个手段或途径，弥补或挽救课堂效益不佳所造成的损失。

若是能够当堂讲练结合，教师可留少量作业，简单题和难题各一两道题，总量三五道题，大部分学生可二三十分钟就能完成，而不是将其视为沉重的负担。由于学生做题正确率高，题量又少，教师批改作业的速度自然就快，耗费时间少，这样的作业也能对学生课堂所学起到及时巩固、更加熟练等作用。

教师批改作业的最佳时机在课堂，有时间巡查学生做题情况，可以发现学生问题，当堂解决问题。做到这种地步，就要深刻地锤炼课堂教学的逻辑，审视自己所采用的教学思路，究竟是演绎式教学，还是归纳式教学？面对当堂所要教学的内容，哪一种教学方式更适切对路？如果是演绎式，要举一反三，没有高质量的这个"一"，那么后面的"三"也就无法"反"起来，所以选好这个"一"，在课堂教学中指导学生做好这个"一"的文章，是至关重要的。如果是归纳式，要举三反一，甚至要举五反一乃至举十反一，那么要举的三、五、十，怎样保证其是高质量的，从而为所要反的"一"打下坚实基础，这是值得斟酌研究的。

在一线教学中，走进课堂现场观课，在作业方面就会发现实践出真知，见多识广有对策。这实际上就是一线教师遇到的问题和困难最多，但一直坚持想办法去解决这些问题和困难，可能最终找到的办法也是最管用的办法。

有一次听课，课题是《〈简·爱〉名著阅读赏析》，上课的教师先播放视频，其内容是简·爱和罗切斯特对话时的那段经典语录，然后引导学生填词："简·爱，你是这样的女子：生命诚可贵，爱情价更高。若为＿＿＿＿故，二者你皆抛。"（用一个词表达你对简·爱的认识，写在横线上，并能结合故事内容加以分析）学生写得很快，回答也很精彩。然而，在下面的教学环节中，教师在课件页面上呈现了大量的文字，都是从原著中节选的经典语段，共计十多段，学生既要抬头看屏幕，又要思考并在笔记本上写一些文字。整个教学过程主要是教师提问"你读出了什么人物形象、性格特点"，学生口头作答，节奏较快。

在评课议课时，大家有说内容充实的，有说教师导入有效的，还有说学生比较投入的，但是，唯独没有重点说这节课的练习和课下作业问题。后来，我交流分享自己的看法：教师设计一个导学单，把课件页面上的那么多语段都印上，节省学生一次次地抬头看屏幕的时间，更有利于进入沉浸式学习；再者，节选的语段数量过多，可让学生做前两个语段的赏析，由教师手把手地教，然后再选四个语段供学生独立完成赏析，若时间充裕，剩下的语段可让学生先说思路或者遇到的难点，教师指点并请高手学生分享经验和窍门，由同学们在课下独立完成。这样的作业源于课堂训练，原本跟课堂训练是一体化的内容，只是因课上时间限制而转入课下完成，实际上就是一种类似联程机票的联程作业。这种联程作业和课堂教学内容的一致性是极高的，与此同时，教师对其批改处理也是很快的。

这样的作业及其使用和批改，其实就是在听课观课等教学实践及研究中发现的。在某种意义上，教学实践是一座富矿，我们要不断地探索问题，叩问难题，挖掘隐含其中的指向、策略和方法。

总之，只有充分解放学生，依靠学生，才能真正解放教师。在设计作业时，对其形式、容量、难度等方面，就应当有预先的考虑或前置性的控制措施。惟其如此，教师批改作业方可既快捷又有效。教师也只有这样，才能节省更多的时间，用来修炼自己开展学科教学的关键核心技术，跟身边的同事、同行真正拉开差距，活出真正精彩的专业技术人生。

30. 提高学生背诵效率的招数

背书，背课文，默写生字、生词，默写名句名篇，没有一项活动能够离开背诵。背诵是学生的学习方式之一，也是学生必做的基本功课，往往代表着学生对一门学科下功夫的程度。因而，指导学生背诵并提高背诵的效率，这是语文教师开展教学必须关注并要发力的地方。

提高学生背诵的效率，不是笼统地谈论如何提高，而是进行分类，按照类型进行针对性地提高。按照人数来分，可分为集体背诵、个体背诵以及交叉背诵等；按照方式来分，可以分为默不作声地背、朗声含情地背、边读边写地背等；按照过程来分，可分为集中背诵、间隔背诵等；按照合作情况来分，可分为独立背诵、提示背诵、合作背诵等。由于背诵的类型不同，各自采取的办法也就不同。

由于背诵是一项复杂的记忆活动，其效率的提高历来是一个难题，不是仅靠理论进行衍生提出对策就能解决的。背诵的实践性很强，还是应立足于语文教师自己及其指导学生背诵的实践经验，在学生的最近发展区内加以改进。就实效而言，这种改进的对策可以是源自理论的启示，也可以是源自经验的优化，还可以是源自理论与实践融通的产物。

虽然学生背诵课文是一种常见现象和常规活动，但是对其真正深入研究的一线教师并不多，特别是尝试运用心理学的规律进行教改尝试的教师，那就更加少之又少。如果引入心理学的研究成果，提高背诵课文的效率，首选艾宾浩斯遗忘曲线，力争记得快、忘得慢，保持记忆更持久。

德国心理学家艾宾浩斯通过研究发现，人们在记忆的最初阶段遗忘的速度很快，后来就逐渐减慢了，到了相当长的时候后，几乎就不再遗忘了，这就是遗忘的发展规律，即"先快后慢"的原则。记忆保持的效果，按照时间的长度，现实的结果是这样的：

时间间隔	记忆量
刚记完	100%
20 分钟后	58.2%
1 小时后	44.2%
8~9 小时后	35.8%
1 天后	33.7%
2 天后	27.8%
6 天后	25.4%

语文教师要善于将早自习课、上午或下午的课以及晚自习课等时间统筹起来，围绕所要背诵的课文画出时间节点，以便帮助学生养成利用艾宾浩斯遗忘曲线的自觉意识和稳定习惯。

如果语文教师是有心人，不妨带领学生开展这样的集体背诵行动，按照艾宾浩斯遗忘曲线做一下试验，可能最终是比较符合这种趋势的：一般记住后，在5分钟后重复一遍，20分钟后再重复一遍，1小时后，9小时后，1天后，2天后，5天后，8天后，14天后就会记得很牢。

在背诵课文的过程中，如果学生对一种材料达到一次完全正确地背诵后仍然继续背诵，叫作过度背诵。根据心理学研究成果，学生进行适当的过度背诵，可以使学习的材料保持得更好。研究结果表明，适当限度的过度背诵比刚能背诵的效果好，但如果超过这个限度，其记忆的保持效果不再提高。如果背诵四遍后恰能背诵，则再多背诵两遍的效果最好，但再多背诵几遍，其效果就适得其反，这将对背诵者的身心造成危害。其实，这可以用烧开水的例子来打个比方：如果烧水20分钟就可以将水烧开，那么多烧两三分钟是比较好的，如果多烧七八分钟就会因水蒸气散发过多而造成总水量的减少。

按照心理学所揭示的规律，学生背诵课文的实质，是将短时记忆转化成长时记忆。基于这一规律，语文教师可对学生分步骤训练：第一步，训练学生的短时记忆能力；第二步，训练将短时记忆转化为长时记忆的能力。据此来看，语文教师在开学第一周，带领学生只学习教材，丝毫不开展背诵方法与能力等方面的训练，确实是有点遗憾的。当然，这一遗憾可以在学习教材的中途开展。然而，在学习教材的中途，太多的语文教师沿袭着一如既往的教学惯性，在教学过程中根本不会融入这样的思考和尝试。这就使得遗憾最终就真成为遗憾了。

从学生、课文、时间等方面之间的关系来看，教师对学生背诵课文的指导，应当遵循一些原则。教师如果违背了这些原则，学生不仅背诵效率很难得到提升，而且还会对教师产生抱怨心理。

一、因材施教。学生背诵得快慢，从根本上说是由基因、学习方式乃至成长环境造成的。根据大脑神经科学研究的成果，神经回路存在着用进废退的规律，通过一定的活动或手段可以强化背诵所形成的神经回路，使记忆的效率逐步提升。教师在指导学生背诵时，有必要对学生的记忆特点、认知风格进行诊断与评估。像有的学生背得慢但忘得也慢，有的人背得快但忘得也快，有的人背得快忘得慢，还有的人背得慢却忘得快。教师应深入了解学生背诵的学力基础和行事特点，才能提供更加精准有效的建议。

二、循序渐进。要坚持先从文字量小、音韵谐婉、意义突出的语段开始。心理学的研究证实，背诵有意义的材料，其效率显著高于无意义的材料。从指导学生理解材料的意义入手，再寻求背诵策略与方法，也是行之有效的做法。坚持从量入手，先小后大；再从意义入手，有意义的材料优先；与此同时，考虑背诵的难度，先易后难，这可锻炼学生的记忆能力，逐步提升背诵效率。

三、坚持不懈。背诵效率的提升，主要靠记忆能力的提升和记忆策略的选择。而记忆能力的提升，是一个天长日久的进化过程。记忆策略的选择，其实也是如此，需要不断琢磨并改进，力争选择并使用最佳的记忆策略。在某种意义上，在现实中，很多人在背诵时常常出现头脑一热、激动一时的现象，"三分钟热度"，短则三五天，长则一两周，往往不超过一个月，最终也就不了了之。任何一种背诵的策略、方式和方法，只要适合自己，就要勇敢坚持，用上至少一个月的时间，丰富自己背诵课文的经验。

在背诵时候，单纯的背诵对于部分学生来说，可能属于枯燥无趣的学习活动，难以提起兴趣，也打不起精神。这时应当充分利用心理学所揭示的规律，多感官协调地背诵，如以写为手段并出声背诵，就增加了手和眼、口的协同使用；像以问为手段，通过别人提问而强化背诵，就增添了交往互动的成分，将手、眼、口及耳全都协同使用；像以题为手段，利用做默写题的形式，至少增加了手写、眼看等动作的协调运用。这些实践或做法，都为背诵提供更多的记忆线索，有助于提升背诵的效率，保持记忆的时间更长。用大脑神经科学的观点看，这些做法在本质上对大脑形成了更加多元有效的刺激，能够有效地提升背诵的质量。

为了提高背诵的效率，教师可研读记忆术之类的专著，经常向学生提供记忆策略、记忆方法。除此之外，教师还要重视引导学生自己研读这类书籍，通过自学和实践来提升自己的记忆水平，学会寻找和构建更多的记忆线索，形成一套适合自己的背诵策略，从而提升背诵效率。

31. 提升语文读写结合的实效

读写结合是为了促进学生语文学习，提升学生语文学习的效益。但是，从当前实际来看，读写结合存在着目的不清而滥用的问题，甚至发生了事与愿违的现象。这应当引起语文教师的警惕。

实施读写结合，旨在打破单一的"读"或"写"的效益边界，获得一种相得益彰的综合效益。问题的关键是，读写结合究竟是以读为主，还是以写为主？具体在什么情况下，以读促写或以写促读？以读促写应该如何促，以写促读又该如何促？语文教师若不解决这些问题，开展读写结合在大概率上是难以奏效的。

就本质来看，语文教学中的读写结合是一种教学手段。然而，读写结合在具体教学过程中如何实施，应当侧重哪个方面，这要视教学内容和教学目标而定。按照内容决定形式的原理，在语文课中，那就是"教什么"决定着"怎么教"。语文教师如果没有预想和思考，就会导致定位模糊，难以判断读写结合的侧重点。究竟是以读促写好呢，还是以写促读好呢？语文教师可能自己心中无底。如果在某一课时中，语文教师想要通过仿写的形式，开展片段作文教学或者是写作构思教学，那么读写结合的侧重点也就立即变得明确，以写促读就显得不合时宜，而应当选定以读促写。《乡愁》等现代诗歌的教学，读写结合的具体操作，基本上也是这个逻辑。

根据前面的阐说和辨析，读写结合是一个讲究前提条件的手段，对一堂课的教学目的、教学内容有着明确的定位要求。语文教师开展读写结合前，仔细思量教学内容和教学目的，显然是非常有必要的。这意味着语文教师不能滥用读写结合，使用读写结合应当是有边界的，带着针对性开展读写结合会更有实效。

厘定读写结合的逻辑，就为实施读写结合并取得实效打下了基础。那么，对语文教师来说，在语文课中应当怎样开展读写结合呢？

先从阅读教学来说，实施以写促读，其做法的基本思路是：将"写"当作途径或桥梁，把"读"作为教学的落脚点和阅读能力的提升点。借写促读，其形式主要有三种，具体思路如下：

其一，以写品读。学生在默读和揣摩语句、段落等语篇的时候，往往难以发现语篇之美或精妙之处，这时候采用批注并作示例，为学生搭建阅读的支架，学生根据语文教师写的批注，模仿性地品读语篇，往往很快就能品味出字词句篇的美妙，极大地提升品读课文的质量。

其二，以写助读。在默读、跳读或浏览的过程中，使用圈点勾画以及朗读等符号标记，使阅读变得有重点、层次和条理，从而提高阅读质量。实际上，圈点勾画以及朗读的符号标记，既是一种写的特殊形式，也是一种读的精细化策略。此时，指导学生出声地读，甚至按照朗读的符号标记来朗读，学生的阅读体验会更深刻。

其三，以写比读。围绕主题、风格等相同的两篇乃至多篇课文，语文教师提供一定的学习支架，对文章进行比较阅读，指导学生将其异同之处书写下来。例如，这两首诗歌都是抒发壮志难酬的情感，分别用了什么表现手法？这类问题就可促进学生通过书面作答的形式对课文开展比较阅读。当然，单篇之内也可以比读。例如朱自清的名作《背影》，可以设计这样的问题：作者共写了几次背影？具体写法有什么不同？通过设计提问或任务，让学生书写作答，可以有效指导学生开展文内比读、文外比读，做实比较阅读。

再从作文教学来说，实施以读促写，其做法的基本思路是：将"读"作为途径或桥梁，把"写"作为教学的落脚点和写作能力的提升点。以读促写，其形式主要有三种，具体情况如下：

其一，以诵促写。出声地读，有感情地读，同默不作声地读，在阅读的学习效果上有着很大的区别。读者在默读时所未能体会到的情感、妙处或声韵，但通过声音也许就能发现、揣摩或传达出来。此时将这种发现、揣摩或传达，变成书面的文字，学生对语篇的品读无疑就上了一个台阶。借助诵读的效果，提升学生对语篇妙处所作鉴赏、批注的质量，是值得尝试的。

其二，以说缩写。在学习课文时候，教师要求学生缩写课文的梗概，其结果常常不尽如人意，但指导学生复述或讲述课文的大意或梗概，其效果却相当显著。这背后原因的关键就是写比说的难度更大，说着容易写着难。既然写的难度大，教师就可以借助说大意、讲故事等形式的支架，先让学生轮流口头表达，再用笔头表达，达到以讲说促进缩写的目的。

其三，以猜助写。学习小说、叙事诗等叙事性作品的时候，学生总是被其故事或情节所吸引，语文教师可以引导学生选取某些情节或故事片段，开展想象、补充或续写。例如，《木兰诗》写木兰在从军之前织布的时候，特别写了一句"唯闻女叹息"，可是这木兰究竟是在"叹息"什么呢？其具体内容，就有可以想象、扩写的空间。再如，"雄兔脚扑朔，雌兔眼迷离；双兔傍地走，安能辨我是雄雌？"这一结尾，是木兰对伙伴们发问的回答，但是伙伴们会有什么反应呢？木兰在其后的岁月里又会做哪些事情呢？打仗结束了，木兰以后的生活是织布，还是种田，还是兼而有之或其他？围绕结尾进行续写，其空间也不小。通过猜测、想象等手段，把课文读细致、读深刻，最终帮助学生把写作之笔练得精细、准确和生动。

在语文教学实践中，读写结合的形式无疑是丰富多彩的。在具体实施的过程中，究竟是以写促读还是以读促写，应视教学的目标、教学的内容乃至教学的课型而定。如果用得好，则满堂华彩，产生一招鲜吃遍天的感觉。但是，如果用不好，则满堂纰漏，变成了处处精心设计却步步惊心的感觉。更重要的是，课堂教学效果出现很多败笔之处，当事人往往无法找到究竟是哪些底层逻辑存在问题，令人苦恼不已。这诚如古人所说："运用之妙，存乎一心。"

32. 多管齐下提高学生写作的思辨能力

学生写作的思辨能力不强，原因是多方面的：既有学生自身重视不够，也有教师引导不力，还有教材专题内容不足，以及日常语言表达环境不佳等原因。如何提高学生写作的思辨能力呢？师生可从优化日常语言表达、补齐逻辑基本知识、加强说理能力训练这三个层面入手。

一、优化日常语言表达

语言学研究表明，语言是思维的物质外壳，思维是语言的信息内容。没有语言，思维就无法进行，思维信息就不能交流。在人们的认识过程中，语言是输入、存储、加工、输出、传递思维信息的载体。语言的能力和水平代表着思维的能力和水平。因此，引导学生关注、优化和提升自身的语言表达，就可为学生提升写作中的思辨能力打下基础。

众所周知，写作源于生活而高于生活。日常语言是写作语言的母源。观察灵活、丰富和芜杂的日常语言，思考日常语言的词汇、品质和逻辑，学习个性鲜明、形象生动、言简意赅、富有生命力和表现力的日常语言，这是培养学生语言敏感性的一条必经之路。身为语文教师，只有对学生的语言有着异乎寻常的敏感，才能更好地唤醒学生的语言敏感，引发学生思考语言背后的思辨能力。

在日常生活中，师生间的真诚交往和高频对话为写作教学积累了丰富的案例。其中，有一些对话片段是关于思辨能力的典型案例，能够反映出学生思辨能力方面的一些典型误区。

案例一：教生物课的林老师出差，林老师特意布置了自习任务，我作为班主任负责在其课堂照看学生。上课十分钟后，我进行第一次课堂巡查，一个女生在悄悄地看课外书，我低声地说："你看课外书，你先出来。"她跟着我来到教室外。我批评她："你作业都没有写完，先不要看课外书。"只听她说："老师，我看的是小说，不是课外书。"我感到既生气又好笑，立即反驳："小说书不是课外书，那你说课外书是什么？什么书是课外书？"

针对这个案例，我在班会课上讲了先秦哲学史中公孙龙的"白马非马论"，并举例苹果算不算水果、美女是不是人，以引发大家的讨论和思考，旨在唤起学生对思维逻辑的关注，以免自己所坚信的理由根本经不起反驳，甚至所说的每一句话都是别人的证据。

案例二：在班会课上，关于选科问题，一个男生发言："学习数理化，男生比女生有后劲，建议女生除非天资聪慧，不然不要填报理科专业。"此时，一个女生感到这个男生的发言有伤女生尊严，于是针锋相对也发表了一番言论："学习语文和外语，女生比男生有天赋，男生在报考大学时，最好别选跟外语和语文有关的专业。"听完两个同学的发言，我感到这些言论对学生产生了不良的影响，我立即说："你们两个的发言，谁做了调查研究？哪怕是对全班同学的学习表现和学业成绩进行了统计分析？如果是对其他班级或学校的调查统计也可以。"结果，两人顿时哑口无言。我又发问："你们说的结论是你们从研究报告或图书上看到的吗？如果能把出处说出来，也是有说服力的。"最后，我还举出了居里夫人、吴健雄、屠呦呦等杰出科学家都是女性，而朱自清、王力、许渊冲等跟语文或外语有关的杰出学者都是男性，用这些实例激发学生进一步思考：即使是普遍性的印象或说法，在引用的时候，也需要对数据和概率、共性和个性保持警惕和怀疑。

对此案例，我相机而教，引导学生在语言表达过程中注重证据意识，以提高语言表达中的思辨能力。当即举例"所有男生都是热爱运动的""所有女生都喜欢睡懒觉"等说法，引导学生从证据意识推敲这些说法是否成立。除此之外，我又进一步启发学生思考：这些说法在概率上都是百分之百，具有绝对性，对说话和写作有什么影响？经过一番交流，学生们认识到说话与写作均需要讲究证据，在作出判断的不可绝对化。

面对学生自身思辨能力较弱的现状，无论是课堂还是课下，只要遇到相关话题，教师均应因势利导，使学生不断地培养思辨意识、提高思辨能力，以期通过日常语言表达中的思辨能力训练而滋养写作中的思辨能力。

二、补齐逻辑基本知识

逻辑是一门学问，也是一种关系，还是一个思维工具。所以，应充分借助逻辑学的相关知识，尤其是能够反映逻辑关系的概念和术语，培养和提高学生写作中的思辨能力。立足学生的班级日记、个人周记、个人摘抄感悟本和作文本等写作活动，抓取写作中典型的思辨能力缺陷或思辨误区，以逻辑关系为能力训练点，将其拓展成写作课素材，形成系列，进而切实指导学生提高写作的思辨能力。

中学生正值青春年少，尚未牢固树立正确的世界观、人生观和价值观，在写作中难免表达出一些与日常生活实际不符的印象和看法，这也很有必要利用三五节课开展语言表达中逻辑关系的专题训练。

案例三：在全班同学轮流写作的班级日记中，一名女生写道："男人没有一个好东西。"我将其喊到办公室进行当面批改，我询问："你家除了你和你的妈妈，还有谁？"这位女生不知我的用意，以为我了解她的家庭情况，就顺口回答："还有我爸和我弟。"我问道："你爸和你弟，是不是男人？"她立即回答："是啊！"我又问："他们俩是不是好东西？"这位女生瞬间失语，不知该如何回答。当场，我以看法和事实之间的联系和区别，使她认识到自己的这句话属于个人看法而非事实。

围绕这个案例，笔者举例"大多数艺术家都神经不正常""大多数差生都是不想学习的学生"等众人习以为常的说法，激发学生思考什么叫"神经正常"、什么叫"差生"，引导学生思考区分事实与看法的联系和差异。

同时，笔者又引入逻辑学中一些概念，展示运用概念所产生的一些逻辑错误。这样勾连拓展的目的是，借此指导学生掌握逻辑学的一些基本知识，学会认识并判断一些语句或语段中典型的逻辑错误。例如："海口是全国文明城市。文明城市是市民素质高、讲文明的城市。所以海口的市民没有人乱扔垃圾。"又如："中国人是不可战胜的，我是中国人，所以我不可战胜。"再如："我们在读书中要培养批判思维和批判精神，而批判有抨击和打倒之意，所以我们对书籍中的观点要抨击和打倒。"前两个属于偷换概念，把本质不同的概念故意当作"同一"概念来理解和运用，第一例将"文明城市"偷换为"文明市民"，第二例将"中国人"偷换成"我"；最后一例属于混淆概念，由于对概念的错误理解和不恰当运用，而完全背离了"理性批判思维"的本意。

案例四：在期中考试作文中，作文的主题是勤奋，一位男生写："只要努力学习，就能提高成绩。"我对这句话中的逻辑关系表示怀疑，就找他聊聊写这句话的动机和原因。据他本人讲，这句话是初中班主任经常说的话。我问道："当你每一次努力学习的时候，成绩都能提高吗？"他答道："有时候能够提高，有时候不能提高。"我又问："既然如此，那你完全相信你写的这句话是真的吗？"他不好意思微笑着地低下了头。随后，我建议他将"只要……就……"改为"只有……才……"，或者改为"只有……才有可能……"。他表示认可，这样的表达更符合实际。

朱光潜先生在《咬文嚼字》中说："无论阅读或写作，我们必须有一字不肯放松的谨严。""其实更动了文字就同时更动了思想情感，内容和形式是相随而变的。"事实上，改动文字，可以产生多重效果，例如改动情感、改动逻辑等。指导学生将关联词改动的背后，其实改动的正是逻辑关系，"只要……就……"的逻辑是充分条件，改动关联词之后的逻辑是必要条件。顺势而为，笔者将"不过……""何况……""因为……所以……""虽然……但是……""不仅……而且……""如果……就……""即使……也……"等关联词及其组合作以专题式讲解，通过补充相关的逻辑关系知识而培养学生较强的思辨能力。

在写作指导课中，教师将概念、命题、三段论等逻辑学基础知识引入课堂，有助于学生积学储宝，运用有关逻辑学的知识，避开一些典型的逻辑错误，从思维的全面性、逻辑的缜密性等方面而切实地提高思辨能力。

三、加强说理能力训练

说理是一种思维能力，通过理性交流、表达看法、解释主张，尽可能全面、完整地把握讨论问题，采取真实而客观的态度说服别人。在中学阶段加强说理训练，不只是为了指向写作提高思辨能力，还有利于传承人类共同文明和自由、平等、理性的价值，避免情绪化的沟通和交流。

在写作指导课上，本人以微课程的形式开展说理的学习与训练，形成符合中学生身心发展水平和学习水平的阶梯性、序列性和适切性的课程纲要。

案例五：在说理训练的实践中，我参考中国学者徐贲的《明亮的对话：公共说理十八讲》（中信出版社 2014 年 1 月第 1 版）和美国学者戴默的《好好讲道理》（浙江大学出版社 2014 年 8 月第 1 版）等专业性著作，撰写了课程纲要而开发了系列性内容的微课程。微课程共计十课，其目录如下。

第一课：重述简单说理和叙述段落中的主要观点；

第二课：重述文本中的事实和细节，说清和组织要表达的意见；

第三课：在说理文本中区分主要观点和支持这些观点的相应细节；

第四课：区分说理文本中的"原因"与"结果"、"事实"和"看法"；

第五课：分辨文本中的"事实""得到证明的推论"和"有待证明的观点"；

第六课：辨析逻辑谬误、提防宣传；

第七课：评估支持结论和立场的证据是否适当、恰切、相关，注意有偏见和成见的例子；

第八课：评估文本的统一性、连贯性、逻辑以及文本内部的一致性和结构；

第九课：评估说理中的对方意识；

第十课：评估说理中的"公共文本"（政府文告、政策说明、出版物等）。

中学阶段的学生，教育可塑性很强，人格和心理都正在快速发育，对成人世界及其社会规则等内容有着好奇心和求知欲，而且能够较快地将所学的知识技能、所受到的训练操作转化成习惯，从而提高写作中的思辨能力，甚至可以优化日常生活中的行为品质。

学生写作思辨能力的提高，是一项系统性、综合性和持久性的工程。除了上述三种具有实效的措施之外，还应当鼓励和组织学生购买各学科逻辑性强的经典名著、代表作。例如管理学之父泰勒的《科学管理原理》、麦克尼伦的《简单的逻辑学》、弗洛姆的《爱的艺术》、G. 盖莫夫的《从一到无穷大：科学中的事实和臆测》、艾伦·麦克法兰的《给莉莉的信——关于世界之道》、弗兰西斯·培根的《培根随笔》、林庚的《唐诗综论》等。引导学生阅读并涵泳体味多种经典著作、学科佳作的构思和逻辑，陶冶、涵养并优化自身的思辨能力。

古人云："业精于勤，荒于嬉。"学习之要，在于久久为功。在生活和学习中，师生需要齐心协力抓好思辨能力养成这项工程。教师引导学生勤观察、勤思考、勤补充、勤训练、勤实践，进而优化和提升学生写作中的思辨能力，是完全值得付出并可以取得成效的教育实践活动。

33. 打造语文学科特色活动

打造语文学科的特色活动，就相当于开发实践经验层面的语文课程。多种或系列的特色活动，有助于激发学生学习语文的兴趣和热情，引导学生积累学习语文的经验和方法，这也是促进教师探索教好语文课的关键和奥秘。

语文课程注重国家通用语言文字的实践，语文教师应将实践性作为切入点和突破口，提供更加丰富的资源和相对广阔的空间，促进学生对国家通用语言文字开展积极实践，从而提升学生的语文学科核心素养。

语言文字，既是文明或文化的重要组成部分，也是文明或文化的重要载体。这决定了语文教师必须高度重视文化，从语文的文化属性或文化内涵入手，使语文这门课充满文化味，弥散文化气息，彰显文化特质。

近年来，包括电视台、微信公众号等在内的媒体，掀起了诗词、成语等有关语文内容的学习和传播，这给一线语文教师带来了启示。

在语文课上，笔者多次组织学生开展"飞花令"活动。"花""草""树""木""竹""林"等跟植物有关的字，"山""石""土"等跟大地有关的字，"江""河""水"等跟水有关的字，"月""光""天""雨"等跟天气天象有关的字，"马""牛""羊"等跟动物有关的字，"兵""军""战""剑""刀"等跟军事战争有关的字，还有"人""客""男""女"等跟人有关的字，都可以让它在课堂中"飞"一"飞"。大家所用的语句，至于是只用古代诗歌的语句而形成"严飞"，还是也可兼用文言文中的语句而形成"宽飞"，则由师生根据实际情况来决定。

除了开展"飞花令"，笔者还组织学生开展"成语接龙"。大家斗智斗才，其乐无穷。例如，把"开天辟地"作为"起龙"的成语，下一个"接龙"的成语就是"地"这个读音开头的成语，像"地久天长""地老天荒""地大物博""地动山摇""地广人稀"等成语，都可以用来接龙。"地"字开头的成语为最佳候选成语，"递胜递负""递兴递废""弟男子侄"因其首字都和"地"读音完全相同，也可视同最佳候选成语。"滴水不漏""滴水穿石""滴水成冰""低三下四""低头哈腰""低唱浅斟"，其首字和"地"在读音和声调上略有差异，声母韵母相同，声调不同。这种类型的成语，虽称不上是最佳候选成语，但在适当放宽标准后，也可作为候选成语。也就是说，"成语接龙"存在着标准宽严的问题，有"宽接"和"严接"之分。

"成语接龙"是一个具有多重功效的语文特色活动。其一，在不知不觉中检验学生积累成语的数量；其二，激活学生对成语的记忆；其三，锻炼学生快速调用成语的能力；其四，形成学记说成语的比学赶帮超氛围；其五，增进师生和学生之间的相互了解。还有一点应特别说明，成语属于中高考的考点，或必考点或轮考点，部分学生对其存在畏惧心理，将其作为娱乐内容，非常有利于学生减轻学习备考成语的压力。

语言文字的产生有数千年的历史，语言文字的使用有其历史背景。古代诗文是古人运用语言文字留下的结果，经典古诗文都是出色运用语言文字的结果。古诗文往往充满着历史感，涤荡着学习者的心灵。

开展历史故事演讲会，能够促进学生感受历史风云际会，学习古人情怀智慧，又能锻炼演讲能力。语文教师可采取"简明叙述＋选取关键＋领悟道理"的模式，指导学生进行读写结合的训练。其操作分三步。一先选准历史故事，抓取关键细节。比如"烽火戏诸侯""淝水之战""精忠报国"等历史记载故事，"大鹏展翅南飞""庄周梦蝶""郑人买履"等寓言传说故事，应抓取故事中能够体现道理的关键之处。二写好演讲稿，在教师审阅后由学生修改。学生按照"简明叙述→选取关键→领悟道理"的顺序，写出文字稿，类似三段论，以五六百字为宜，不宜超过千字。其三，学生提前读熟甚至背会，以增强登台演讲的信心。此类演讲训练，以输出倒逼学生输入，为了讲好，需要先写好，为了写好，需要先读好，这就建立了"阅读—写作—演讲"的良性循环链条。

跟历史故事演讲会相似的活动还有很多，都可以培养学生的搜索能力、阅读能力、写作能力和演讲能力以及良好的语文习惯。例如成语故事演讲会、国际国内重要新闻播报会、说学逗唱大比拼等。

将"立言"作为语文学习的方向和高标，可能会对学生的语文学习观产生的一定的影响。受到孔子所说"不学诗，无以言"的启示，笔者带领学生开展了"即兴写诗"的特色活动。

多年前秋季开学后的一天上午，我们上作文课。突然，一道闪电划过窗户，接着雷声从天而降在教室外炸响，学生的心顿时都飞到教室外了。笔者抓住时机，赋诗一首写到黑板：

咏怀·秋雨有感

秋雨欲来雷声伴，

一道银光穿云天。

若要桂香菊笑时，

请君且待九霄蓝。

刚写完，笔者突然觉得应该把最后两句修改成"风雨不动安如山"那样的意境。于是又在黑板上并列写一首诗：

秋雨欲来雷声伴，

一道银光破云天。

莫道风凄雨且厉，

吾心一片湛如蓝。

学生田晶亚有感当即赋诗一首，交了上来：

秋雨欲来雷声传，

一束银光抢争先。

再闻桂花香气散，

154

只恐又待大晴天。

陈韦豪也赋诗一首，交上来：

秋雨携雷压驻城，

书声琅琅斗志诚。

更待明年今日胜，

立我战旗南京城。

针对三首诗同样以"秋雨"起兴设问，我请学生对诗歌的情感与诗人的心理发表见解。最后，总结如下：田晶亚的诗和我第一次写的诗，都有一种等待的心理，寄希望于外界，期盼天晴后再欣赏美丽的风景，心态然后才能变好。我修改后的诗，是一种不管如何刮风下雨却独自岿然不动的心境。这表明内心不受外界干扰。这也意味着我们每个人学习和做事的时候，不能因为别人的干扰，就随意改变自己的初衷。陈韦豪的诗，诗如其人，有种豪情壮志，也是不受外界干扰的一种心境。这也应当是高三学子的主流心声。

下课后，熊姗姗也写了一首交上来：

秋雨已来尚未停，

恍然入梦江南陵。

雨中漫步心事宁，

花香唯有天先晴。

笔者问道："已经下课了，咱们下一节课再评讲吧？你这写的也是等待心理吧？"

熊姗姗答："评不评都行。我写的就是等待心理，交给你，你看出来就行啦！"

我们师生即兴赋诗的这段经历，令我至今难忘。特别是学生写诗的语言，颇有艺术性，可圈可点。有的形象，如"一束银光抢争先"；有的简约，如"驻城"指学校所在地"驻马店市"；有的细腻，如"花香唯有天先晴"。后来，陈韦豪同学还真就报考南京的大学并被录取，使我们这段经历的意蕴显得更加丰厚。

我们还开展过"班级接力日记""班级人物志""家乡神话传说采风""民间特产特色饮食图文绘"等趣味活动。学生们不仅在学校里时有欢乐，而且在假期也乐在其中。

需要说明的是，在组织学生开展语文特色活动前，笔者通常会征求全体学生的意见。如此操作，目的有二：一是明确特色活动的承担主体，二是完善特色活动的基本思路，三是倾听学生的心声和完成困难，并提供相关的指导和帮助。

其实，"飞花令""成语接龙"等活动也好，演讲会、即兴赋诗等活动也罢，其举办目的不在于使多少学生获奖，而在于大家一起体验，形成一个共同学习、凝聚情感的共同体。这对于当下语文学习生态来说，一味偏重题海战术操练的倾向，何尝不是一种反拨和改善？这对青春年少的学生来说，何尝不是中学时代的难忘记忆？这对我们师生来说，又何尝不是一种幸福的语文生活？

有人说，语文课是最能影响学生整个人生的一门课，这种说法不无道理。语文之所以具有这样的影响力，也许，其关键就在于语文课的文化气息、历史底蕴和生命意味。

34．培养高超的解题能力

谈起一个语文教师的教学水平，一线语文教师公认有两个标志：一是优质课，二是学生成绩。优质课的含金量，取决于其级别和等次。通常来说，参加优质课比赛，或执教观摩课和示范课，会取得相应的奖励证书，级别越高越好，获奖等次越高越好。例如，获得地市级优质课一等奖、省优质课一等奖，就颇能说明该教师有一定的教学水平。不过，在一校之内，如果没有过硬的考试成绩，即便是获得省市优质课一等奖证书，可能也会招来"只会表演，不会抓成绩""都是花拳绣腿"之类的非议。所以，语文教师想在校内立足，让领导和同事信服，就必须培养自己高超的解题能力。

在本质上，考试成绩是课堂教学的副产品。考试属于教学测评，是针对课堂教学的效果所做的测评。课上得好，学生考试成绩好，两者拥有相同的底层逻辑。然而，在现实中却存在某些悖论：老师上课好，学生很喜欢，但学生成绩不好。这是为什么呢？

从实际情况来看，这一悖论的实质是：课堂教学效果好，教师讲解生动活泼，学生学习投入，这是肉眼可见、亲身可感的好，然而，纸笔测试效果却不好。这可能存在两个问题。

其一，纸笔测试所测评的重点和课堂教学的重点及难点，两者可能并不一致。特别是课堂所训练的关键能力，和纸笔测试所考查的关键能力，存在着较大偏差，考的没学没练，学的练的没考。

其二，教师本人过于重视训练学生"听""说""读"的能力，但对学生动手"写"的能力有所忽视，课堂教学未能扎实进行书写训练，导致学生眼高手低，说起来都会但写起来就是不对。

关于课堂的效果好，采用什么标准来评定，是非常重要的。在中小学阶段，有的考试具有强烈的竞争性和选拔性，其成绩具有高利害性，对学生和教师的前途或考核具有非常重要的影响，甚至达到了"一分决高下"程度，这就导致测评成绩具有"硬标准"的地位。相形之下，课堂教学中师生互动效果好、学生学习热情高涨等表现，流于肉眼可见、亲身可感的层面，不具有高利害性，只能成为弹性空间很大的"软标准"。在考试成绩等测评结果的最硬的"硬标准"面前，这种课堂效果好，也就成了软得不能再软的"软标准"。

衡量教学水平的标准，存在着多重维度，执行时的"硬度"也不同。这一现象，应当引起一线教师的高度重视。特别是语文教师，更应该保持警惕，防止语文课堂热热闹闹，但语文成绩冷冷清清。所以说，做对题，得高分，速度快，绝不只是语文教师对学生的要求和期盼，更应该是语文教师对自己的自觉要求和美好期盼。对语文教师而言，拥有高超的解题能力，不仅仅是课堂教学有效的需要，更是关乎专业尊严甚至校内"江湖地位"的需要。

提高语文教师的解题能力，应从三个层面做起，即审题层面、思路层面和练习方面。这三个层面的操作，指向了命题考点、答案表述和解题速度，是值得语文教师下功夫研究，扎扎实实打基础的。由于语文试题的题型较多，涵盖选择题、填空题、简答题等题型，一一细说，每种题型都足以写一篇长文。下面，以简答题为主，兼及其他题型，尝试说明语文教师应当如何训练自己的解题能力。

一、审题，审出来什么？

这一层面，事关命题人的意图、试题的分值、要点的数量、答题的方向和重点等信息。

例如，简答题的题干："这首诗抒发了哪些情感？（6分）"你在审题的时候，会审出来什么信息呢？有的语文教师看到"6分"，审出了要点个数，答案通常是三点，或者命题人给出了四五个要点，但答题人只要答出其中三点即可得满分。有的语文教师看到了"情感"，就审出了情感的种类，友情、亲情、爱情等，接着就会研读诗句并提炼答案。有的语文教师看到了"哪些"，本能反应就是答案的要点应是"三个及以上"，只有两个要点的情况可能相当稀见。

再如，2023年新高考Ⅰ卷的古代诗歌阅读的简答题："诗的尾联提到魏了翁的名言：'不欲于卖花担上看桃李，须树头枝底方见活精神也。'结合本诗主题，谈谈你对这句话的理解。"那你该如何审题呢？第一步，审察题干的结构。题干是由外引名句和解题指令组合而成的双元式结构。第二步，读懂每部分的内容。也就是说，答题人要分别读懂每一部分的内容，对题干形成一个总体的理解。而答题的方向和重点，自然就在其中，这为下一步探索解题思路打下了基础。

二、思路，思出来什么？

这一层面，事关试题对应的考点、考点呈现的角度或侧面、答案的表述等内容。

例如，2023年新高考Ⅱ卷的古代诗歌阅读的简答题："王国维说：'以我观物，故物皆著我之色彩。'这一观点在本诗中是如何得到印证的？"经过审题，可按照"三步走"的思路进行解题操作。第一步，思考点：王国维所论"物"和"我之色彩"的关系，对应的考点是什么呢？根据诗歌阅读与鉴赏的知识点，可推断出应当是"景物"和"情感"之间的关系，简称"景情关系"，其包含"借景抒情""寓情于景""以景结情""情景交融"等知识或术语概念。第二步，思证据："景情关系"在诗歌中是如何体现的呢？有哪些诗句可以证实体现出"景情关系"的那些知识或术语概念？第三步，思表述：应当分几个要点表述？每个要点表述的时候，是不是要把那些知识放在前面，随后结合诗句进行分析？

再如前面所提到的引用魏了翁名言的简答题，其解题思路是：第一步，对应的考点是什么？诗歌的主题或主旨。命题人要考查诗歌主旨和魏了翁观点的一致性和结合处，那么，诗歌的主旨和魏了翁的观点分别是什么？这就要用一两句话，分别将它们表述出来。第二步，诗人用哪些诗句阐述了跟魏了翁观点相同的道理？是如何阐述的？第三步，表述的结构是怎样的？是总体上先概述魏了翁的观点再概述诗歌的主旨，还是分为若干点作答，每点都先写魏了翁的观点再写诗歌的主旨？经过这些步骤化、流程化的思考和探索，语文教师解题思路的训练就相对扎实了，自然而然，语文教师解题能力的提升也就很快。

三、练题，练出来什么？

这一层面，事关解题的准确度、书写的速度、命中答案要点的契合度和覆盖度等方面。

例如，2023年高考语文甲卷的诗歌阅读的简答题："词的结尾两句被后代评论家称赞为'绝妙'，请简要分析其妙处。"其诗歌是宋代晁补之的词作《临江仙》："身外闲愁空满眼，就中欢事常稀。明年应赋送君诗。试从今夜数，相会几多时。浅酒欲邀谁共劝，深情唯有君知。东溪春近好同归。柳垂江上影，梅谢雪中枝。"语文教师选择这样的简答题来练手，其文字阅读量不大，难度不高不低，那就要练出快速、准确的高水平。看到"绝妙""妙处"，那第一反应就是在脑海中浮现出思维框架：修辞手法、表达技巧、炼字等。然后，快速列出要点，结合诗句来阐说。这意味着语文教师解题能力训练，必须指向解题思维的优化和提升，以获得高分甚至满分为目的。

再如，2023年高考语文乙卷的古代诗歌阅读的简答题，其文本选用的是宋代陆游的词作《破阵子》："看破空花尘世，放轻昨梦浮名，蜡屐登山真率饮，筇杖穿林自在行，身闲心太平。料峭余寒犹力，廉纤细雨初晴。苔纸闲题溪上句，菱唱遥闻烟外声。与君同醉醒。"其问题是："这首词是如何表现人闲适心情的？请结合作品简要分析。"围绕本题开展练手，就要迅速锁定题干中的关键词"如何表现"，悟出其对应的考点是"表现手法""表达技巧"，因为"闲适心情"是命题人已经给出的信息，不必再劳烦答题人回答"情感""主题"。然后，语文教师就要构建答题框架：是按照诗句所写的顺序作答，还是按照自己记忆中那些考点的相关知识作答？是先列出诗人的行为，还是先写出表现手法和表达技巧？对此，语文教师有一定强度和数量的训练，否则难以成为解题高手和解题快手。

语文教师培养自己高超的解题能力，无论是审题还是书写，都要达到思维水平高、速度快的程度，朝向"快、狠、准"迈进。快，是审题思考的速度、悟出考点的速度和书写的速度都要快；狠，指答题人决策果断，在多个考点及其知识侧面和角度之间，不犹豫、不纠结；准，是答题的要点准确对应着命题人给出的答题，是表述中的术语、名词、概念契合命题人表述答案的用词，涵盖命题人答案要点的个数的覆盖面大、覆盖率高。如果语文教师不重视解题能力训练，可能会陷入类似学困生那样的答题困境：速度慢、得分低。久而久之，在学生看来教师就缺少了专业权威性，有技术不过硬之嫌，这严重影响着语文教师的教学自信和专业尊严。

35. 自觉锻炼语文教师的命题能力

语文教师如果没有命题实践，就无法从根本上掌握试题的命制逻辑。其所谓的解题方法、答题技巧等教学内容，往往跟命题逻辑是不搭界的，甚至跟真正的解题逻辑是相违背的。语文教师想要摆脱这种状况，就要自己动手开展命题实践，培养自己的命题能力。毛主席说：自己动手，丰衣足食。动手命题也是如此，不仅可以积累适合所教学生的语文题库，而且可以积累命题经验，为进一步提升命题科学性打下坚实的基础。

命题是一种复杂劳动，至少需要"三心二意"。"三心"是耐心、细心和专心，"二意"是有意义、有意思。其中，有意义指命题围绕语文学科核心素养有价值，有意思指命题围绕学生人生发展成长有趣味。这两者合起来所达到的效果是，学生做题的过程，相当于在接受语文学科核心素养的检阅的同时，还完成了立德树人的心灵洗礼。当然，命题还需要其他的"心意"。例如，加上"精心"，意在加强科学性；加上"有意味"，旨在提升审美性，等等。

根据一线语文教师的实际，学习命题不能好高骛远，而应立足日常所用的实际情况，循序渐进地训练自己的命题能力。可以先从学习命制课文的练习题开始，研究一下语文练习册或者跟语文教材相配套的教辅资料，从字词的音形义入手，命制相应的习题。接着，从句、段、篇入手，命制相应的习题。这些习题的类型，可以有填空题、选择题、默写题、简答题等题型。命题不简单，首先要研读课文，仅字词方面的命题，就要考虑能够彰显作者意图、最需学生学习掌握等维度，至于默写题、简答题等题型，则更是如此。

在命题后，需要跟语文的练习册或教辅资料上的课文习题进行对照，检视自己的命题成效。比如字词题，都是重难点字词而命题，自己对重难点字词的把握性和准确度究竟有多高？跟练习册的习题贴合度很高，自己是怎么做到的，有什么规律？如果贴合度较低，到底是什么原因导致的？这要求命题人开展归因分析，不断追问自己，形成自我反思，以便下次改进。

经过十篇八篇课文的研读和命题，便可在练手基础上，开展一份试卷的模仿性命题，此时应从最感兴趣和最为擅长的题型入手，逐题地训练自己。一种题型没有练好手，就暂不进行下一种题型的训练。当一份试卷上的所有题型都已练手，命题质量较高而且稳定的时候，我们便可开展原创性试卷的命制。命题人经历这样成长过程，基本上就完成了经验性培养过程，其所命制的试题主要依靠经验，试题的科学性可能不高，命题人还应当在命题科学性方面采取措施。而科学性不强，至少可以通过两种途径来解决：一是购买相关的理论书籍进行自学，二是报名参加专业培训来接受专家指导。当然，这两种途径完全可以相结合。语文教师应积极开发并充分利用身边资源，可以请教那些身处一线、德高望重，且在命题上已将经验和理论相融通的专家型教师。

一线教师在培养自己命题的起步阶段，若无上级部门组织或第三方机构提供机会，很难遇到专家手把手地指导。命题人的修炼过程，其基本思路是：个人模仿借鉴打基础，专家指导培训作提升。实际上，这也是一个自己挑战自己，自觉成长并寻求外界帮助，最终突破自己的过程。

为了提高命题的质量和速度，语文教师应当做好最基本的命题储备，包括命题的素材、知识、理论等方面的储备。一线教师对信度、效度、区分度等教育测量与评价的概念术语，有必要提前研究一下，这样可以更好地看懂有关试题的分析报告、研究论文等内容。再比如历年的中考语文真题、高考语文真题等，在命题上有着很高的的参考价值。

作为命题人，在命题时按照一定程序和环节工作，是非常重要的。通常来说，命题的基本流程，按照进展时序主要有以下环节：拟定双向细目表、命制试题、试做试题、校对试题等。双向细目表是一个命题工具，也是一个评价工具，贯穿着命题的始终。双向，其实就是两个维度，一个维度针对题型而言，另一个维度针对难度而言。当然，这也是命题标准中最基本的两个维度。至于所赋分值、对应的语文学科核心素养等维度，则可分布到这两个最基本的维度之下。

命制一张完整的试卷，离不开选定素材、设计题干、拟制答案及评分细则等方面。语文试题的素材，应保证质量，不仅要符合学生的身心发展规律，而且要紧扣语文课程标准和教材等，保证不能出现知识、技能等方面的硬伤。除此之外，还要有底线意识，不能触碰红线，即应选择官方或具有权威性的工具书、研究报告、文献典籍等内容，不能出现意识形态偏差、违规违法以及违背公序良俗等问题。设计题干，应当指向明确，紧扣考点，内蕴语文学科核心素养，通过学生做题这一外显化行为，从而达到考查学生内蕴的语文学科核心素养的层次和水平。拟制答案，应当紧扣语文学科核心素养，依托知识和技能等内容，结合题干的指向和学生的思维，表述答案内容做到分条、分点、结构化。评分细则，是对试题答案所作的拓展和延伸，以便使那些暂时无法融进答案的解题角度、思维过程和近似说法等内容，也能获得一定的分数，不至于完全不得分。

整份试卷命制结束后，命题就进入了核查环节。命题人、专家或第三方机构等核查主体，通常会围绕双向细目表、命题素材、试题题干、答案及评分细则等方面开展核查审校工作。如果是命题人的自我核查，可以采用追问的方式开展核查。例如，按照核查的方面，逐一进行追问：试题是否按照双向细目表而操作？答案的命制，其指向跟题干的指向是否吻合？其角度是否贴合学生最近发展区？其具体表述是否通畅？核查工作，说到底是为了提高试题的质量，这包括文本内容、课程教材、学生生活、题干指向等维度。

为了进一步提高命题质量，试卷在命制结束后，还要进入试做环节。在此环节，由学生、同行、专家或命题人等，按照时长要求进行解题。试做的答案以及解题过程中发现的问题，都可以让命题人获得最直接、最有效的反馈。像答案要点不完整、超出课程标准等，题干表述啰唆、掉字漏字等，素材文本的阅读障碍较多或不适合学生阅读等，都是应当引起重视的问题。命题人接到这类反馈的问题，若能够及时修改，就能迅速提高试题质量。

根据专业测评机构或教研部门的通行做法，往往采用组建团队的形式，开展试题的命制和打磨。关于试题质量的高低，历来有"三分选，七分磨""七分选，三分磨"之类的说法，无论如何，"磨题"的作用都不可小觑。"磨题"就是针对试题的选材、题干、答案、评分细则，还有解题的角度、思维过程和学生的最近发展区等内容方面，琢磨、研讨和修改，以期减少试题的错误和漏洞，对试题进行优化和提升。

对语文教师的成长来说，命题是极其重要的业务板块。命题和解题，构成了互逆性操作。从命题角度看解题，相当于换了一种视角和思维，语文教师就有可能发现只靠做题所无法发现的问题。无论是提升自身的解题能力，还是提升对学生解题的指导力，都离不开教师的命题能力的提升。重视命题，亲自命题，提升命题能力，语文教师责无旁贷。

从一个教师的专业发展和人生发展来说，提升命题能力，既是语文教师安身立命的需要，也是立德树人的需要，以专业立身行事而成己达人。所以说，加强命题能力的锤锻，是语文教师的必修课，而且是具有相当硬度的必修课。

36. 课堂教学的观察技术

在学校日常工作中，一个教师参加本学科的公开课活动，如各级各类的研讨课、比赛课、评优课、展示课等，实际上就是走进课堂现场，对课堂教学进行观察，都要用到课堂教学观察技术。

在教育研究方法上，观察法是一线教师使用频率最高的方法。无论是看学生在课堂上的表现，还是看学生完成作业的情况，主要形式就是观察。观察法用途广泛，不仅可以用在学生身上，也可用在教师自己身上。一线教师，要提升教学水平，就可以使用观察法研究课堂。尤其是走进名师课堂现场，使用相对成熟的课堂教学观察技术，观察名师教学的基本思路、操作细节以及话语表达等方面，这样听课观课必将获益匪浅。

课堂教学观察技术，究竟观察什么呢？在观察时候又有什么技术呢？依据目前研究成果，观课至少包括六个方面：观目标、观方法、观过程、观评价、观教师、观学生等。在具体观课时，观课者究竟使用何种技术，主要取决于其观课的侧重点。

观目标，就是审视课堂教学目标的制订是否合理准确，观察课堂教学目标是否有效达成。没有目标的课堂教学，注定是漫无目的、散漫杂乱的。听课也好，观课也罢，首看教学目标，这是常规动作。审视目标的确定与表述是否合理、准确，主要考虑两个维度：依据教材所选择并挖掘的教学内容，是否基于课程标准？是否紧贴学情？基于课程标准，证明应教；紧贴学情，说明可教。而目标是否准确，往往指行为动词的主语是不是学生，用词表述是否准确。

观方法，指的是观察课堂教学所用的方法，以及所用的方法是否有效促进学生学习。一堂课使用某种方法，使课堂最终结果跟课堂目标这个预期的结果吻合或保持一致，这表明方法是适切和有效的。在通常情况下，教师应当优先选择属于本学科高频使用或具有专业属性的教学方法，例如语文学科所独有的解字法、朗读法、缩写法、扩写法、复述法、删改法等。而对于各学科都可以通用的方法，例如讨论法、讲授法等，应当慎重使用，最好是要跟本学科教学的专业方法搭配协同使用。

观过程，是对教学过程的观察，判断教师之教对于学生之学的激发、引导、维持的效果。从一堂课的进程来看，可着眼于课堂的环节或板块的操作，判断某一环节或板块是否有效，学生学习是否充分、教师的教是否有效。一般来说，过程与方法总是密切相关，甚至可以说两者是绑定在一起的。这意味着观察和判断某一环节是否有效，既要看其用时长短，又要看其方法是否得当，从而作出综合的判断、评估。

观评价，也就是对一堂课中的评价进行观察，既包括教师对学生的评价，也包括学生之间的评价，还包括穿插在课堂中的训练测评。在大多数一线教师看来，对课堂评价进行观察，集中于教师所作的评价行为。例如，教师提问，学生回答，然后由教师对学生的回答作出评价，像评语、体态语等都是其评价的方式。其实，教师应多激发和鼓励学生作为评价的主体，对发言、作答的同学进行评价，在课中或课终时邀请学生对教师本堂课所教进行评价。以学生为主体的评价，更能显示学生作为学习主体地位的水平和程度。

观教师，即对教师的教学行为进行观察，以便评估教师的专业水平、投入状态以及教学理念等。一个教师是不是好老师，其课堂现场是最佳证明。好老师总是有办法激发学生的情感，用适切的方法将学生卷入学习之中，保证课堂教学质量不低于一定的底线。人们用来赞誉教师的成语或惯用语汇，包括因材施教、循序渐进、循循善诱、破迷开悟、指点迷津、如沐春风、精益求精、信手拈来、出口成章、茅塞顿开等，集中反映了人们对教师的专业、热情和耐心等品质或评价维度的关注和期待。

观学生，是把学生当作观察的对象和焦点，追踪其部分或所有学生的学习表现，从而判断其学习所获或增值幅度。学生学习的表现，跟教师教的行为，呈正相关的关系。否则，学生学的行为跟教师教的行为不相关，说明教师的教是无效的，是没有价值、不起作用的。有些课堂，学生表现非常活跃，其实是学生热情高或基础好，并不能说明教师的教是有效的。而有些课堂，学生表现不够活跃，甚至课堂相当沉闷，教师却说这是学生基础不好、性格不够活泼等因素造成的，回避自己的责任。可以看出教师的教是否有效，这是有一些公认的标准的。例如，教师是不是让不爱发言的学生发言了，让学生不会的会了，让会了的学生悟出了方法或学到了新方法。

课堂教学观察是一门复杂的研究活动，涉及专业知识的运用、课堂证据的搜集，以及作出判断的道理和依据。在平时的课堂观察中，观课的角度也并不局限于上述六个方面，每个观察者也并不是每次都要从以上六个角度出发，对一堂课观察得面面俱到。除了按照既定分配的任务，必须根据观课的操作规范和要求走进现场观课，在更多的时候，一线教师完全可以按照自己的兴趣和研究需要，拥有选择观课的角度和侧重点的权利与自由。

开展课堂观察，必然涉及观察者的姿态。以怎样的姿态观察课堂，这是一线教师必须注意的问题。无论是走进名家名师的课堂，还是走进身边同事同行的课堂，抱持尊重、研究和学习的姿态，是开展课堂观察的基本立场。惟其如此，才能让课堂观察顺利开展，进而同上课的教师切磋交流，使自己的课堂观察产生更大的收获，为提升自身的课堂教学水平打下一定的基础。

观课听课是评课议课的基础，没有观课听课就无法进行评课议课。在某种意义上，观课听课的角度、侧重点以及思考所得，就已经决定了评课议课的角度、重点以及观点看法。在很多学校或学科组所举办的教研活动中，由于评课议课往往具有强制性，几乎是人人发言，这意味着一线教师应当高度重视课堂观察，而不能轻视或漠视课堂观察。对一线教师来说，掌握一套课堂观察技术是一种刚需，既是满足教研活动开展课堂观察而进行评课议课的需要，也是立足自身教学实际开展课堂观察而研究并改进教学的需要。

37. 基于现场观课的议课技术

基于现场观课的议课，在常规教研活动中指的就是听课后的评课。这种议课，跟阅读文字版的课堂实录或观看教学视频后所作的评课，存在着比较明显的差异。比如课堂氛围、教师投入状态等，在现场观课是非常容易看到或感受到的，而观看教学视频的感受就要弱一些，至于阅读文字版的课堂实录那就更弱了。不过，无论是在现场观课，还是观看视频，抑或阅读文字版的课堂实录，最终进行评课的基本原则、底层逻辑等方面，应当是通用相同的。考虑到一线教师的实际需要，就以现场观课后所作的议课为中心，阐说一线教师评课议课所需掌握的技术。

一线教师秉持尊重、交流和成长的立场，在观课后开展议课，这是高于并统领议课技术的情感、态度和价值观。换句话说，要想议好课，先要做好人。这实际上道出了观课议课的价值，即他人之课是一面镜子，足以照出自己为师上课的功底和素养，从而"见贤思齐，见不贤而内自省也"。在某种意义上，观课议课，不是为了评点他人，指出他人的不足或过失，而是为了纠正自己的偏见、不足和过失，促使自己日益臻于至真、至善、至美的教学境界。

议课的核心在于议。那应该议什么呢？课堂目标是否适切准确，教学方法是否有效，教学过程是否扎实，师生是否投入……只要是观课时值得观察的，议课似乎都可以议一议。尤其是带着既定的任务观课而开展的议课，更要把观课的任务当作议课的重点，摆在优先的位置。有人说，议课这种活动，说难也难，说不难也不难。难是因为要讲理据和逻辑，站在一定的理论高度来议课；不难是因为按照观课所得谈论感受即可，所见所听所感，只要想说似乎可以说很多。相形之下，后者是非常容易做到的。在日常教研中，多数的一线教师就是这样做的。为了提升业务水平和研究水准,一线教师应当跳出后者,朝向前者进军。

为了促进一线教师提升议课技术,可以采用简易操作的思路,即按照观课技术所阐述的内容,选定六种常用的主要角度,做好观课工作,再开展议课。高质量的议课,源于高质量的观课。为了做好议课工作,议出质量、议出水平,就要把观课工作做得扎实有效,这离不开相应的技术。这种相应的技术,是一种旨在服务于议课的观课技术,跟观课技术有近似之处,但也有所不同。不同之处在于,这一技术特别注重步骤化,讲究步步为营、扎实推进的积累,以便层层深入,最终透过所观察的现象而挖掘出逼近本质性的认识。采用这种旨在服务于议课的观课技术,可以为高质量议课打下坚实的基础。

在具体操作中,这一技术的程序和步骤是这样的:确定重点—典型现象—采集证据—归因分析—揭示逻辑—学强改弱。在观课时,依照这样的程序操作下来,议课完全可以做到面中有点、精准观察、有理有据、取长补短,给人以深刻的启示,成为一线教师高质量议课的样例。

确定重点,指的是确定议课的重点,这在观课前或观课之初就应当确定,通过"观有重点"而保证"议有重点"。例如,将教师提问确定为重点,那就要围绕教师所提的问题开展观察,记录问题以及学生的回答等内容。

典型现象,是依据观课重点而追踪相对应的学生表现和教师表现。比如,教师提问总是出现学生无法回答或回答相当精彩等现象,教师提问的问题总是非常巧妙或显得大而空等现象,这些现象往往都是处于两极的现象,足以引人深思,可作为典型现象。

采集证据,就是将所观察的现象如实记录,力求真实性,可以按照时间、人物、事件、结果等要素简要描述。特别是在自己所确定的重点上,一堂课中多次出现典型现象,应当一一记录,以便作为开展归因分析的坚实证据。

归因分析,即围绕典型现象追溯根源,根据原理或规律猜测产生影响的关键因素，并按重要程度将相关因素排列顺序。例如，一堂课中多次出现学生回答问题却言不及义的现象，可开展原因追溯：有可能是教师设置的问题过难，有可能是教师设置问题的角度不妥，也有可能是教师对问题的表述不够通俗易懂，还有可能是教师设置的问题过于脱离教材文本……再根据学生的课堂表现，在下课后跟上课教师积极交流，以便确认这些原因的重要性。构建由学生、教师、教材、时长、生活等多个维度组成的归因分析框架，开展多种原因的分析，进而猜测并向上课教师求证，以便确认这些因素和典型现象或证据之间的关联程度，这就为议课走向纵深作了一定的铺垫。

揭示逻辑，是对归因分析的进一步探究，力图揭示相关原因背后的规律和原理。这一步对教师的要求极高，不仅要有理性思考，而且要有一定的理论功底。例如，多次出现学生回答言不及义的现象，归因分析已经明确，主要是教师设置难度过高，表述的语言又不够通俗易懂，据此可以揭示逻辑是：教师降低所提问题的难度，换几种表述方式，如果学生仍然无法回答，那就逐步分解成几个比较容易听懂的小问题。

学强改弱，其实就是一线教师听课的收获和启示，有哪些优点、准备怎样学习，发现哪些不足、准备怎么改进。一线教师观课，是为了反观自己，通过别人上课来思考自己如何上课，最终反哺自己上课。在议课时，很多情况下要谈到自己究竟是学到了别人的长处，还是照见了自己的短处，说一说自己学到的长处在课堂上准备怎么做，照见了自己的短处在课堂上准备怎么改。

依照上述技术的操作程序，将每一个步骤的记录或思考进行梳理排布，稍加整合、提炼，即可成为一份相当规范的议课稿。在某种程度上，这一操作流程已经为议课时的交流发言搭建了多维度框架或要点型模板：

这堂课我观察重点是……，课堂多次出现……现象，为此记录……次，对其作归因分析主要是……，这些因素的背后蕴藏着……的逻辑，我学到了……，在以后的课堂中，我可能会从以下几个角度进行改进……

关于议课是否一定要指出课堂优缺点的问题，应当视情况而定，既要看时间是否允许，也要看场合是否适宜，还要看自己的表达是否给力。在很多时候，一线教师观课看别人看得清，看出了别人课堂存在的问题，其实自己课堂也存在相同的问题，渴望与上课教师交流一番，然而，令人遗憾的是，事与愿违的现象时有发生，多是在表达语气、说话方式等方面不够恰切，导致上课教师拒不接受甚至强烈反击。对于这种情况，也许可以采用一种人我均衡化的思路：在换位思考、同情理解的基础上，实施"212"策略，即说两个优点，指一处不足，提两个改法。这样操作，上课的教师可能更容易接受。

跟评课相比，议课的专业化程度更高。其专业化程度高在何处呢？那就是围绕课堂教学成功与失败的典型现象，记录相应的表现和证据，探究其成因，揭示发生的机制，从而提出改进的方法对策。开展这样的议课，能减少教研活动中很多客套、无用的废话，提升教师观察课堂的专业性、表达观点的逻辑性以及运用理论的熟练度。

从提高质量的角度看，高质量的议课不仅仅是构建规范流程、规范操作的问题，而且更是站在一定的理论高度，用理论的眼光观察课堂、审视典型现象、分析原因并揭示逻辑的问题。对一线教师来讲，拥有深厚的理论素养，吃透一定数量的理论学说，方可跳出日常课堂教学的经验层面，跃升到理论层面，跟经验层面的认识拉开差距，从而透过现象看到本质。

面对就经验论经验的课堂观察，我们需要改变课堂教学观察的范式和品质，呼唤基于理论的课堂教学观察。基于理论的课堂教学观察，具有这样的目的指向和价值意蕴：在课堂教学观察中，理论提供视角，视角决定所见，所见决定所感，而所见所感即所得。

一言以蔽之，用理论层面的自我，审视、批判和改造经验层面的自我，是一线教师突破自身的经验瓶颈的必由之路，也是一线教师开展观课议课这种教研活动的核心要义和底层逻辑。

38. 研读名师课堂实录的技术

名师课堂实录是名师课堂教学的文字记录，大多是如实记录，可能存在少量的改动或加工。由于课堂是一个全息的生态，我们只要进入现场，就能全方位地感受到课堂的氛围、气场和活力。而课堂实录则只是对课堂教学的文字呈现，相比现场教学的全息状态，气氛不可谓不单调，信息不可谓不减损。然而，即便如此，我们透过文字依然能够感受到名师课堂教学的思想、理念、意图、方法以及效果等内容。其实，研读名师课堂实录的价值和意义，就在于此。就一线教师而言，拥有研读名师课堂实录的技术，无论是对于自身的成长还是对于课堂质量的提升，都是非常重要的。

从媒介形式看，名师课堂实录是利用言语进行教学互动的记录；从课堂运作来看，名师课堂实录是课堂实况的描述；从技术操作来看，名师课堂实录是教学技术的具体运用。基于这些认识，研读名师课堂实录的基本思路是，透过教学现象看本质，从具体现象中提炼出抽象规律，力求从课堂实录的文字悟出课堂教学的逻辑。

研读名师课堂实录究竟应当研读什么呢？或者说有着怎样的研读技术呢？这是一线教师十分关切和迫切需要的内容。按照从思想观念到操作技术的层层分解，至少可以从四个层面对名师课堂实录开展研读。

一、读出教学思想。教学思想是关于教学的指导思想，对教学主张及其实践操作有着指导作用。如果已经了解某位名师的教学思想，再读教学实录，可采取的研读思路就是演绎式思维。如果不了解某位名师的教学思路，先读教学实录，其研读思路自然属于归纳式思维。例如，特级教师洪镇涛将自己的教学思想概括为两个"变"，即变"讲堂"为"学堂"、变"研究语言"为

"学习语言"。那么，读其代表课《最后一次讲演》《天上的街市》的实录，就应当揣摩哪些环节或细节体现了这样的教学思想，具体是怎么操作而体现出来的。

二、读出教学主张。教学主张是一个名师对学科教学所抱持的主张，是将教学思想落地实操的结果，类似于一种学科教学操作的方法论。通常来说，名师都有自己的教学主张，一线教师在研读名师课堂实录的时候，应当关注和领悟其主张在教学环节的实施以及组合中是如何体现的。例如特级教师余映潮、窦桂梅、王崧舟等，都提出了自己的教学主张。那么研读《余映潮中学古诗词教学实录及点评》《余映潮文言文教学实录及点评》《余映潮中学语文散文名篇教学实录及评点》《名篇教学余味悠长——余映潮经典课文审美教学 16 例》《余映潮中学语文精品阅读课教学实录》等课堂实录，就应该关注"板块式教学"是怎样设计、处理和实施的。

三、读出教学设计。课堂实录不等于教学设计，但是，课堂实录多是教学设计的实施结果。只不过名师的教学设计不刻意，日积月累的思考习惯，使其对教材的处理、学情的把握等往往藏在心中，已经达到了触机而发的状态和水平，以至于在某些时候不必写成纸质或电子版的教学设计。这意味着一线教师应当从做好教学设计这样的基本功训练入手，训练到自己可以把名师的课堂实录还原成当初的教学设计。例如特级教师余映潮上课，总是在通过板块式的教学活动，并借助课件呈现板块及文字内容，组织学生开展训练，那我们就应当借助课堂实录中的"屏幕显示"，也就是课件页面上的内容，将师生问答的细节省略，还原出一堂课教学设计的主线及任务。如果一线教师研读课堂实录而达到这样的程度，那么对名师教学设计的理念及其操作实施，自然也就可以看出很多的门道。

四、读出教学方法。众所周知，教无定法，贵在得法。名师上课之所以有艺术性，令人交口称赞，就是因为妙在得法，而一般教师虽然有法，但大多不算得法。一线教师研读名师课堂实录，若能读出蕴涵其中的教学方法，无疑是一种幸事和乐事。例如特级教师洪镇涛教学《五人墓碑记》第五段，把缙绅与五人放在大阉之乱的背景下加以对比，就使用了改动句式并再诵读的方法，使学生立即就能体验到原文使用问句的效果：

嗟乎！大阉之乱，$\begin{cases}缙绅而能不易其志者，四海之大，有几人欤？\\而五人……激昂大义，蹈死不顾，亦曷故哉？\end{cases}$

嗟乎！大阉之乱，$\begin{cases}缙绅而能不易其志者，四海之大，几无人矣！\\而五人……激昂大义，蹈死不顾！\end{cases}$

经过诵读，学生对比两者的表达效果，在反问语气、作者的爱憎情感以及文章的论证力量上，就有了更加深刻的感受。

四、读出教学评价。教学评价有着丰富的内涵，有教师对学生的鼓励，有教师对学生的批评，有教师对学生的点拨……名师的教学评价，总是跳出"好""棒"之类简单化评价的窠臼，别出心裁、具体适切。例如特级教师余映潮在教学《蒹葭》时（《余映潮中学语文古诗词教学实录及点评》，余映潮著作，中国人民大学出版社 2017 年版，第 108 页），对学生齐读全诗后所作的评价：

读得好！你看，这一遍感觉不同啦。还有几个地方要读好，三个"所谓"。"所谓伊人，在水一方""所谓伊人，在水之湄""所谓伊人，在水之涘"三处都要读出期盼、向往，甚至是赞叹。美人啊，就在那个地方！还有三个"宛如"。好像在那里，本来已经看见人了，但是又好像不在，有点遗憾。"宛在水中央"，这个"宛"字要读得重一点。好，再试。"蒹葭"，读。

这段教学评价的内容很丰富，除了对学生的学习表现进行肯定和鼓励，也有对学生学习不足之处的明确分析，还有对学生具体读法的指导。

在研读名师课堂实录的过程中，一线教师应当带着意图、问题和任务：这位名师的教学思想、教学主张是什么？这位名师最爱使用的教学方法是什么？这位名师的教学风格是怎样的？作为读者和学习者，我能从这一实录中获得什么？否则，没有意图，就缺少目标；没有问题，就没有重点；没有任务，就难以深入，导致研读实录流于空泛、浮在文字表层，而容易走马观花，浅读辄止。

事实上，研读名师实录要想有所获益，就像观课应事先必须确立观察角度一样，提前确立研读的角度。而一线教师研读实录，往往没有角度，凭着自己的感觉来读，常常流于经验层面，就像经验式的观课评课一样，很难触及课堂教学运作的规律层面，也难以窥得名师教学的堂奥。有鉴于此，一线教师应努力提升自己的理论素养，站在理论的层面，带着理论的眼光，选准理论的视角，研读名师课堂实录才能获益良多。

一线教师除了摆脱经验主义研读实录的思维定势之外，还应在名师实录中观察和体味名师是如何将教学理论和教学实践融为一体、化难题为精彩的，借此滋养自己的课堂教学。例如：读教学理念、读教学意图、读教学角度、读教学方法、读教学技术、读教学评价、读教学过渡、读教学环节，力争读出提问的规律、理答的规律、点拨的规律等，及时将这些认识和规律运用在自己的课堂实践中，不断地锤炼和精进自己的课堂教学技术。

39. 模仿名师的刻意练习技术

模仿不等于创造，却是距离创造最近的路，甚至可以通往创造。语文教师想要加快成长，模仿语文界大家名师的课堂教学，可当作一条捷径。有人说，语文大家名师那么多，究竟模仿谁呢？到底应该怎么模仿呢？解决这些困惑和问题，有助于加快语文教师专业发展。

根据维果茨基的最近发展区理论，一线语文教师应当从自己和语文大家名师的相似点入手，这样能提高模仿的逼真度，也可快速找准推进专业发展的突破口，及早地塑造自己的特色和专长。

事实上，每位名师都有自己的教学特色、教学风格，这就意味着一线语文教师要有知己知彼的头脑。用《道德经》上的话来说，那就是："知人者智，自知者明。"一线语文教师有必要认清自己，与之同时，也要有所取舍。因为想要同时模仿多位名师，时间、精力、禀赋以及资源可能不太允许。

比如说，自己擅长朗读，就可以模仿程翔老师的朗读教学，找到程老师教学《关雎》《蒹葭》《将进酒》等课文的录像或视频，研究程老师是如何利用朗读实现以读促学、以读代讲的。自己擅长读写结合，就可以模仿余映潮老师的板块式教学，找到余老师教学《记承天寺夜游》《十五从军征》《散步》等课文的录像或视频，研究余老师是如何利用读写结合设计板块式教学的。当然，也可以从课堂的导入、提问与追问、课堂理答、课堂结语等处入手。例如自己擅长调动情感，营造课堂的情感氛围，而且对课堂导入又有兴趣和心得，那就可以模仿于漪老师的课堂导入，找到于老师教学《晋祠》《春》《七根火柴》等课文的课例，研究于老师是如何设计导入的。

模仿名师，在确定具体名师作为自己的模仿对象后，还要讲究模仿的策略和方法。也就是说，模仿谁是有讲究的，怎样模仿其实也是有讲究的。晚清大画家吴昌硕说："学我，不能全像我。化我者生，破我者进，似我者死。"近现代大画家齐白石也说过类似的话："学我者生，似我者亡。"这是齐白石对一位叫作许麟庐的学生说的话。据说，他模仿老师齐白石的画几能乱真。模仿，的确存在"似"之相像和"学"之创生的区别，前者被称为形似，后者被称为神似。依照本人的检验，先追求形似，再追求神似，最终达到形神兼备。究其本质，先形似、后神似，其实就是先入格、后破格的问题。入格，就要一招一式地练，练得规矩；破格，就应当有所创新，体现个性特色。

想要做好模仿名师的工作，应当树立"全国名师皆我师"的观念，力争形成一个模仿的思维框架，以便作为自我训练的框架。这个框架的建构，需要有一定的分类框架，即基于多种维度的框架。这个框架的逻辑，跟完成课堂教学所需技能，在底层逻辑上应当是基本一致的。例如，本书提到的课堂导入技术、课堂理答技术、课堂过渡技术等。模仿的框架与之类似，就可按此逻辑建立，确立分类的维度。例如教学流程的维度、教学语言的维度、教学理答的维度、教学法的维度等。再结合自己的特长，寻找自己跟名师在教学上的相似点，将其作为模仿的最近发展区，逐个维度地筛选出模仿点。在此基础上，根据自己的时间、资源和意愿以及教学实际需要，对模仿点逐一排序，一个模仿点对应一位名师，这样就建构了模仿名师的自我训练序列。

一个新手教师，想要实现课堂教学的提升，可以先从教学流程的维度入手。将课堂流程分为若干环节：课堂导入、课堂提问与追问、课堂理答、课堂评语、课堂板书等。在此基础上，根据自己跟名师的特色的相似度或契合度，选出适合的名师作为模仿对象。比如课堂导入这个环节，自己喜欢单刀直入，可模仿余映潮老师的课堂导入；自己喜欢营造氛围，可模仿于漪老师的课堂导入，等等。比如课文初读感受或课文大意概括这个环节，自己喜欢自由的发言，可模仿程翔老师的做法；自己喜欢诗意的氛围，可模仿王崧舟老师的做法。一线语文教师对模仿名师要心中有数，模仿谁、模仿什么，达到训练要点清单化、可视化、序列化的程度，就容易产出好结果。这也可算是一种模仿训练的策略。

模仿，看似简单，实则复杂。模仿虽不等于创造，却是模仿者在自我的最近发展区，做力所能及的突破和创新。若能把握模仿的规律，或许能够加快模仿的速度、提升模仿的质量。除了前面说的先入格后破格的规律之外，还有刻意练习的规律。按照刻意练习的基本开展模仿性训练，将极大地提升训练的精度、效度和速度。

刻意练习的本质是，将技术练到卓越水平，形成相应的肌肉记忆作为支撑，在大脑中形成相应的神经回路。事实上，这样的肌肉记忆和神经回路，原本是不存在的。例如，专业的乒乓球运动员和业余的乒乓球爱好者是有区别的，表面上是外在可见的动作技能的专业性存在差异，其本质是肌肉适应性和大脑神经连接的改变。用成语来说，高手"举重若轻"就是人们经常说的"心手相应"、心想事成。

刻意练习锻造自己，坚持练成绝活。无论是任何技能，在锻造的前期都是寂寞的，是很难看到回报的。这一阶段主要是投入孵化，只见投入不见产出几乎是所有人的感受。打比方来说，这阶段就是打地基，每天都在深挖、重构和夯实，非常辛苦，十分劳累，但都是在地平面以下开展工作，始终未高出地平线。这也类似于植物的扎根阶段，无论植物怎样生长，始终都是在向下扎根，根系越来越发达，但却很难看到植株的大小、高低等发生明显的变化。在日照气候适宜的情况下，时间就像水，浇灌到哪里，哪里就枝繁叶茂，鲜花盛开。模仿到逼真的程度，不是一蹴而就的，既是需要时间的，也是需要过程的。在某种意义上，所有绝活的练成，都要经历这样的暗夜阶段。

当然，并非所有的练习都是刻意练习，模仿也是如此。想把模仿真正变成刻意练习，应当充分认识到刻意练习和一般练习的关键区别。美国学者认为："刻意练习与一般练习的区别十分关键：首先，需要一个已经得到合理发展的行业或领域；其次，需要一位能够布置训练作业的导师。"这提示语文教师对语文教学作出研判，建构分类思维框架，形成基本认识：语文教学有些方面得到了合理发展，有些方面则未必；有些方面明显属于实操技能，有些方面则无法归入实操技能。在此基础上，语文教师想把模仿变成刻意练习，应首选属于实操技能而又得到合理发展的方面。

此外，语文教师还要寻找导师，帮助自己进行刻意练习。实际上，这就是拜师。通过拜师，一是加强训练的专业化程度，二是始终把牢训练的方向和路径，三是使训练能够得到及时反馈和改进。当然，由于刻意练习的前期是暗夜阶段，练习者容易遭受至暗时刻，情绪低落，也可以从导师那里得到精神鼓励，增强坚持训练到底的勇气。

40. 课堂教学的切片研究技术

课堂教学是瞬息万变、复杂多维的教育活动，仅仅依靠经验，我们很难对其开展研究。即使研究，也总是就事论事，往往形成千人一面的认识，或万人一说的看法。难以深入研究课堂教学，始终是一代又一代教师的宿命或感叹，语文教师也概莫能外。

按理说，作为一线教师，扎根在课堂里，对课堂教学有深入的研究，是顺理成章的事情。然而，事实正好相反。其原因就在于，一线教师扎根于课堂，既是优势，也是劣势。优势在于熟悉课堂教学，能够便利地拿到第一手资料和数据，只要教学就有源源不断的研究对象和内容。劣势在于被课堂教学淹没，跟课堂教学无法拉开距离，形成所谓的"经验浸没"现象，为海量的实践经验所淹没，反而无法抽身而对实践经验开展反思和批判。

一线教师研究课堂教学，既要立足于课堂，也需要跳出课堂看课堂。跳出课堂看课堂，往往需要教师拥有一定的理论功底，站在理论的高度审视课堂实践，这样方可跟眼前的课堂教学实践现象拉开距离。那么，在理论功底不够厚实的情况下，又不想重蹈经验主义研究的覆辙，作为一线语文教师，应该怎么办呢？课堂教学切片研究技术，可以两者兼顾，是一个比较务实有效的做法。

传统的日常教研，主要依靠经验，浮在人所共知的表象或经验上，既无法产生异质的认识，也无法达成触及本质的探寻。之所以如此，其因有二：一是难以深入到课堂教学的诸要素内部，通过层层推理分析进行精准归因，找出规律性的运作逻辑；二是无法经过多重维度的审视，发现行为背后的认知框架和相应理念，难以建构从认知到行动的改进链条。依托课堂教学切片研究技术，开展切片教研，既有一定的理论支撑，又离不开一线的实践经验，能够有效地从切片中提取具有规律性的认识，通过步骤分解而变成可实际操作的技术。

对课堂教学开展切片研究，究竟切什么？按照时间、流程和教学方法等维度，将课堂切成若干种片段或成分，并尽最大可能将其炼成可实际操作的教学技术。经过教育学者魏宏聚教授等人的研究，目前至少可以切分为十种教学技能，供各学科教师通用。在此基础上，根据语文的学科特点和课堂特色，经过增删、调整和改进，目前业已形成十余种教学技能，可供语文教师选用与修炼。

将语文课堂教学切片，形成可供语文教师操作的系列性教学技术，提高一线语文教师的教学水平。这是一线语文教师开展语文课堂教学的切片研究的主要目的。按照课堂的时间、流程这两个维度来看，可以选择课堂导入、小组合作、课堂收束等相对明确的操作环节，展开相关的研究；按照教学方法的维度来看，可以选取提问追问、理答及教师评价等具体方面，进行相应的研究；按照教学设计的角度来看，可以择取教学目标的制定、教学目标的叙写、教学环节的组合、教学板书的设计等相关部分，开展专题的研究。

开展切片教学研究，主要采用两种方法。其一，归纳法。围绕语文教学中比较成功的某一部分或环节，在每节课的这个地方切片，数十节课就有数十份切片，再作规律性研究就有了大量的感性认识，借此归纳规律性的认识、提炼操作技术等。其二，对比法。仍然围绕语文教学中的某一部分或环节，将其作为切片，仍是数十节课，成功和失败的课例各占一半，切出数十份切片，将成功的典型切片和失败的典型切片作对比，对成败进行归因分析，可明了教学的成功之道或关键因素。

在对课堂教学作切片研究时，就切片所提取的技术来说，其技术大致有如下类型：1. 课堂教学目标的研制技术；2. 课堂教学目标的叙写技术；3. 课堂教学导入的技术要点；4. 课堂教学提问和追问的技术；5. 课堂教学理答的技术；6. 课堂教学评语的提升技术；7. 课堂教学环节的组合技术；8. 课堂教学活动的设计技术；9. 课堂教学环节过渡的技术；10. 课堂教学小组合作的技术；11. 课堂教学结束的技术；12. 课堂教学板书设计的技术；13. 课堂教学作业设计的技术。

选定教学的某一环节或部分，作为切片开展研究，具体如何操作呢？这既有程序步骤，也有分析提取的维度。比如，将两节课的课堂导入作对比性研究，我们就可以比较快速地发现导入的方式或特点。

切片一：余映潮先生教学《乡愁》的课堂导入。

师：上课！

生：老师好！

师：同学们好！我和大家一起在这节课里学习、欣赏余光中的《乡愁》。大家看屏幕。齐读。

（屏幕显示，学生齐读）

乡愁：思念家乡的忧伤心情，怀念家乡的不绝情思。

乡愁诗：表达远离故乡的人对家乡思念、对故土眷恋、对亲人怀念的古今诗歌。

师：注意，乡愁不是愁，是忧伤的思绪。乡愁啊，就是怀念家乡的思绪。远离家乡的游子思念家乡的情思就是乡愁。什么是乡愁诗呢？远离故乡、久离故乡，于是思念故乡，用诗来表达这种心情，这种诗就是乡愁诗。

师：让我们来感受一首乡愁诗——席慕蓉的《乡愁》，我们一起来轻轻地吟读。

（屏幕显示）

乡愁

席慕蓉

故乡的歌是一支清远的笛

总在有月亮的晚上响起。

故乡的面貌却是一种模糊的怅惘

仿佛雾里的挥手别离

别离后

乡愁是一棵没有年轮的树

永不老去

师："故乡的歌是一支清远的笛"，读。

（学生齐读）

师：名言名句："乡愁是一棵没有年轮的树，永不老去。"

切片二：本人教学《虞美人（春花秋月何时了）》的课堂导入。（课例参见"15. 课堂教学导入方法"）

从导入方式、引入资源的角度看，两者都是语言导入，但也有不同：余先生采用的是直接导入和诗歌导入相结合的方式，而本人采用的是故事导入。在教学效果上，两课的导入都有值得称道的地方，贴合课文的内容或课文的主旨，呈现出强相关。这为我们语文教师带来了启示：语言导入的方式是可行的，最好是跟课文的文体、内容和主题相关。

在对课堂教学切片后，经过寻找相似点，或作对比找出差异点，我们可以有效地发现成功教学背后的规律和操作规则，这有助于我们加快教师专业化发展的步伐。当然，若能采用一定的理论，对课堂教学的切片研究会更加深入，也会取得质量更高的研究成果。

41. 建立课题研究的基本认知

无论是成为一名专家型教师，还是研究型教师，抑或是教育家型教师，都要做到"术业有专攻"，这当是最起码的要求。而想成为"术业有专攻"的语文教师，课题研究就一条通途或捷径。

近些年，在正高级教师、特级教师、工作室主持人等方面评审上，课题研究的地位越来越高，这表明开展课题研究已经成为推动教师专业发展的重要抓手。对长期从事一线教学的语文教师来说，及早重视课题研究，学会课题研究的基本流程，并非可有可无，而是"技多不压身"，早行动早受益。课题研究是成为高层次教师的一门必修课。语文教师应重视这门必修课，早早地学会做课题研究。

有道是，教学即研究，无研究不教学。按理说，一线教师对教学都应该是有研究的，开展教学研究是分内之事，既是责无旁贷的，也应该是熟悉的，甚至是游刃有余的。然而，从实际来看，一线教师大多数不会做课题，语文、数学、物理等学科的教师都是如此。这就意味着一线教师对课题研究应及时补课，以免等到课题用时方恨无，不会操作方恨难。

就课题的本质来看，课题源于问题，是经过提炼而具有典型意义、代表性或前沿性的问题。课题研究就是对这样的问题开展研究，按照某种程序，采用适切的研究方法，经过一定的时间过程，最终解决问题。

从问题和课题的关系来看，课题来源于问题，但问题不等于课题。这种说法强调了研究课题要有问题意识，要研究真问题，而不是研究假问题、无价值的问题。

从课题的级别来看，有校级课题、县区级课题、市厅级课题、省级课题、国家级课题之分，这种分类取决于课题管理部门的级别。对课题分类，还有一些不同的分类方法。例如：依据申请者和研究者的人数多寡，可分为个人课题和团队课题；依据提供课题经费的单位的纵横方向，可分为纵向课题和横向课题，前者指由上级审批并下拨经费的纵向课题或上级部门指定的委托课题，后者指没有上下级隶属关系而提供经费的横向课题或企事业单位找上门的委托课题。

课题的来源主要有二：一是教学实践所遇到的问题，二是理论探索所遇到的问题。对一线教师来说，两者都可以转化为课题，但多侧重于前者。当然，也有一部分课题是理论性和实践性兼备的课题，需要研究者拥有更加深厚的理论素养方可驾驭。语文教师开展课题研究，其课题大多是从语文教学实践中产生的。例如解读课文、改进作文教学、优化作业设计、开展整本书阅读等，都可以作为课题研究的对象。

开展课题研究，首先遇到的困难，集中表现为课题名称的拟制和确定。面对这一难题，可以采用细分叠加的建模、借鉴他人课题名称等方法来解决。由于后者可以模仿他人或直接请教他人，其操作能够有样学样，这里就只说前者的操作。

细分叠加的建模，实质上围绕课题名称中每项要素作精准定位，从而达到模式化或流程化。其具体操作是，围绕研究对象作细分和限定，通过追问而细分限定到适合目前研究者能够开展研究的程度。

例如，将"名师课例"确定为研究对象，可按照学段、课型、内容、研究方法等层面，分别进行追问。第一次追问：什么学段的呢？小学低段、中段、高段？初中还是高中？中考还是高考？第二次追问：什么课型的呢？新授课，复习课，还是预习课？第三次追问：什么内容的呢？是阅读的，还是写作的，或是口语交际的，抑或综合实践活动的？第四次追问：用什么方式方法？是案例研究、叙事研究、行动研究，还是实践研究，或是比较研究？根据以上追问，就可以确定一个课题名称，其表述简约但又相对完整，如初中文言文阅读"教学评一体化"的行动研究、初中小说阅读教学落实语文核心素养的名师课例研究、初中名师散文阅读教学导入的个案研究、初中学生"读—写—创"作文模式的实践研究、初中语法情境化教学的叙事研究、初中古诗阅读教学理答的个案研究，等等。

确定课题名称的下一步，就是填写课题申请书。申请人应按照相应栏目逐一填写，做到条理清晰、言简意赅、重点突出。通常说来，课题申请书主要是围绕课题的研究背景、意义、进度、预期成果等设计，其主要栏目就相应设置为以下方面：

基本信息表，需要填写申请人的性别、年龄、学历、单位以及研究成员等信息；问题与现状，需要梳理并陈述本课题选题依据与意义、国内外研究现状述评（文献综述）、核心概念界定；内容与目标，需要确定并陈述本课题的研究内容、研究目标；方法与过程，需要简明阐述本课题研究方法及其使用、研究思路、研究过程规划或具体实施步骤；观点与创新，需要介绍本课题基本观点或假设，在内容、方法、思路、视角、成果等方面可能创新之处；参考文献，需要列出本课题研究前期主要的中外参考文献，按照参考文献标准格式列出 10—30 篇左右。值得注意的是，研究过程规划或分工方面，尽量将课题分解为三五个子课题，由一位或两位成员负责一个子课题，这样建构独立承担而无法推卸、每个人都得到锻炼又能互相合作支撑总课题的布局。

除此之外，还有课题的研究基础和预期成果，都要逐项如实填写。前者所填写的是，前期做过什么课题、已发表或获奖的相关论文、已出版的相关专著等；后者所填写的是，课题研究过程中将会产生的具体成果内容，如发表论文、出版专著、课例获奖、成果被采纳等具体成果载体的内容。

在申请书撰写完毕后，可寻找课题研究方面的高校教师或主持过课题的中小学同行，以期得到专业的指导和帮助。有条件的学校和个人，还可以邀请专家学者围绕课题申请书开展模拟评审会，以便有针对性地改进有关内容。课题申请书在经过指导和审阅后，应及时提交给学校或上级单位科研主管部门，最终由发出开展课题研究通知文件的单位进行审批，并发文公布立项结果。此时，课题申请算是告一段落，课题申请人就变成了课题主持人。接下来要做的任务是，课题的开题论证工作。

开题论证的举行，通常根据课题主管部门所发通知的具体要求，在课题主持人填写开题报告后，由课题主持人向学校提出申请，或学校要求主持人做准备，举行开题论证。其主要议程，大致如下：

其一，介绍环节，简要介绍开题论证的流程和专家评委，专家评委基本上是三至五人，往往是具有指导课题研究资质的人员，多为教授、副教授、高级教师、正高级教师、特级教师以及教研员等；其二，每个课题主持人作开题报告，介绍本课题组开展的前期准备，拟突破的重点及方法和措施等；其三，专家评委对课题进行评议，有的是分别评议，有的是集中评议，视具体情况而定，主要是指出课题取得成果应当改进的地方，可能会建议有的课题组要修改课题名称、调整研究思路、改变研究方法或研究时长等；其四，专家评委中的主评委、总评委或专家评委组的代表，宣布本次开题论证的结果，通常是通过或整改后通过。

经过开题论证，获得专家的肯定和指点，这标志着课题研究正式启动运行了。然后，整个课题组就要进行研读文献、举行观课议课、邀请专家作报告、撰写论文等工作，在课题研究时长的一半这个时间节点，应当会迎来课题中期检查。此时，课题主持人仍需要填写一份表格，报告课题研究的进展情况、遇到的难点和障碍、拟采取的解决方法与措施等事项。

在课题研究结题日期前的两个月，就到了申请课题结题的阶段。这是整个课题组最为繁忙的时候，根据课题组前期的分工情况，主持人和课题组成员要拿出相应的成果。课题主持人不仅要统筹各位成员的成果，而且还要完成课题研究总报告、结题申请书或结项鉴定申请书等材料及表格。当然，课题主持人可以指定专人或整理小组，对这些材料进行汇总和整理。根据结项要求，对发表和未发表的论文、研究总报告、课例以及必要的过程性材料查漏补缺或筛选，再按照顺序分类编排，最终形成较为完善的课题结题支撑材料。按照日期要求，及时提交结题材料，等待课题管理部门的验收或评审。

在两三个月后，课题管理部门发布文件公布课题结题的情况。若能顺利结题，课题管理部门将颁发相应层次的结题证书；若无法结题，课题管理部门将要求课题主持人按照要求进行整改，在规定日期前再次提交结题材料。一般而言，延期结题或再次提交结题材料，只有一次机会。对此，课题主持人和相关成员还是要慎重对待的，按照承诺的成果类型、数量和等级，保质保量完成任务，至少也要达到结题规定的最低要求。

观察一线教师研究课题的状况，在成果的提炼和转化方面，是相当薄弱的。然而，即便如此，一线教师还是要大力开展课题研究。也许主持或参与一次课题，并不能产生高质量或影响大的成果，但可借此涵育发现问题的意识、开展研究的基本素养，以及撰写教研文章的能力。要想成为研究型教师、专家型教师和教育家型教师，拥有研究意识、研究能力以及教科研素养，是不可或缺的修炼。

42. 学会写基本的教研文章

　　"教而不研则浅，研而不教则空。"这句话道破了"教"和"研"之间的关系，既辩证说理又现实深刻。就一线教师来说，只教学不研究，确实不是好现象。即便是很会教学，但不研究，其教学也少了研究的底蕴和支撑。一线教师积极开展研究，用研究为教学提供助力和支撑，无疑是明智之举。那么，为了做好研究，阅读教研文章和学写基本的教研文章，就成了一线教师提升专业发展质量的必修课。对语文教师来说，似乎写文章不是难事，但是，真要写起教研文章来，也不见得容易。

　　基本的教研文章究竟有哪些呢？根据教研文章的主要成分，从经验到理论的含量变化，可以将其分为若干类型。对此，语文教师应区分其类型，了解其基本体式。

一、教学反思类文章

　　上完一节语文课，围绕本节课的总体得失或者细节，写出自己的感受或认识，特别是把上课前的预设和上课中的实操作以对比，思考并得出一些结论，这就是教学反思的常规写法。此类文章遵循着这样的思路：先写"成败得失""前后变化"或"突发问题"，再写当时的处理状况，最后谈论自己的收获或总结一下经验或教训。根据教师专业发展的常见路径"专家引领""同伴互助""自我反思"，这属于"自我反思"，写此类文章的益处也是显而易见的，即有助于语文教师深耕课堂，围绕课堂教学开展自我观察和反思。当然，还可在加快语文教师专业发展的同时，为语文教师走向教学随笔和经验提炼类文章的写作打下基础。

二、经验提炼类文章

在一线语文教师那里，教学的经验毫不缺乏，只要上课就会源源不断地产出经验。至于成功的做法和措施，尤其是妙招和窍门等，只要工作几年或十几年，多少总有一些。但是，这些做法或经验多是零散的，散见于不同的课堂和情境，缺乏必要的梳理和提炼。因此，经验提炼类的文章主打的就是一个提炼：整理自己原本散乱的有效做法或成功经验，先汇总所有内容，再合并同类同质内容，最终形成实用而又相对全面的专题性文章。例如"晨读提高学生背诵文言文效率的方法和措施""学生快速读懂古代诗歌主旨的五个抓手""课堂教学导入的十种妙招"等。经常撰写这种经验提炼类的文章，不断总结和完善自己的教学实战经验，有助语文教师走上专业发展的快车道。

三、课例研究类文章

语文教师上了很多语文课，也看了很多语文课，总有那么一些语文课令人难忘，总有一些耐人寻味之处。有意积累这样的语文课例，积累多了，就可以开展课例研究。如果都是古代诗歌阅读课，或中国古典小说阅读课，或写人记叙文的作文课等，那就可以合并同类项，比对其操作的通同之处，形成规律性的认识。撰写这样的文章，遵循的基本思路是：以最典型的一节课例为主，以其他课例为旁证；简述其整节课的操作环节，详述某一个环节或某一处细节的具体操作，再用其他课例来检验或作旁证，分析这种操作能够成功的原因、机制及原理。这样的教研文章，可以让新手教师迅速地提高语文课堂教学质量，尽快地站稳讲台，假以时日成为教坛新秀或教学名师也并非悬想。

四、教材研究类文章

对语文教师来说，语文教材对语文学科或语文课程的重要程度，是不必多说的。只有先研究语文教材，才能用好语文教材，最终上好语文课。这是语文教师在课堂这个阵地中茁壮成长的必由之路。在撰写教研文章方面，语文教材就是一座富矿，里面有着无穷的宝藏。语文教材的各个部分，都可以作为矿藏来开发，撰写成相关的文章，如解读单篇课文的文章，对比阅读两篇课文的文章，探讨作者生平和意图的文章，研究多篇小说取标题的文章，比较多篇小说人物形象的文章，比较小说开头的文章，比较古代诗歌用典的文章，等等。经常撰写这类教研文章，既能促进语文教师吃透教材，也能提升语文教师研究能力，还能训练语文教师写作能力，实在是一举多得的事情。

五、试题研究类文章

语文试题，特别是大规模考试的高水平语文试题，具有检测、巩固、发展和评价学生语文能力的功能。在当前仍然依靠纸笔测试选拔学生的情况下，一线语文教师对于语文试题是无法回避的，也是躲避不了的。唯有直面试题、研究试题，才可驾驭试题。对此，语文教师对试题应当有所作为，命题、研题、说题、讲题等，样样拿得起放得下，力争成为引领学生有效答题得分的指导专家。据此撰写试题研究类教研文章，就有了相对坚实的基础。像解题思路与方法、对试题的通式与变式、对考点的历年变化以及试题类型的开发与探索等，都是语文教师应知应会的标准动作。当然，这些方面也都是语文教师言之有物、研之有用的写作对象。

六、研究报告类文章

长期从事语文教学，既有机会承接来自学校、教研室以及他人的教改实验或教研课题，也有机会开展一些个人试验、微型实验和小课题研究，这就为撰写研究报告类的文章提供了基础。实际上，跟教学反思类、教材研究类等类型的文章相比，研究报告类文章的撰写难度更大，至少在基本格式、每部分的字数比重以及语言风格等地方，都具有比较明确而严格的要求。所以，在尚未完全掌握研究报告的写法之前，语文教师还是要检索相关服务平台、专门网站或请教行家里手，仔细揣摩其格式及写法。

七、理论应用类文章

一线教师多不喜谈理论，但是教师专业发展离开理论是难以推进的。这可能是一线教师的通病，语文教师也不例外。然而，真要提高文章的理论含量，语文教师就应该在一线实践经验的基础上，研读一些理论专著，学用一些理论指导自己的教学实践。例如维果茨基的"最近发展区理论"、布卢姆的教育目标分类学等理论，就可以用来指导试题命制、作业设计等，语文教师就完全可以拿来作为撰写理论应用类文章的素材。经常写这样的文章，可培养教师自学理论、自觉运用理论指导教学的能力，有助于成长为高层次教师。

八、问题解决类文章

问题是一线教师遇到的业务性难题，也是一线教师砥砺业务能力的磨刀石。就语文教师来说，无论是学生学习语文，还是教师教学课文，或者是师生在语文课中对话，都存在着一定的矛盾和问题。语文教师若能以这些矛盾和问题为牵引，透视其成因，结合理论作出分析，最终提出解决的思路与对策，这无疑是具有高价值的自我研修活动。语文教师只要能够不断地解决问题，就能一直提升自己的业务能力和研究能力。语文教师坚持撰写问题解决类文章，事实上就通向了研究型教师的发展之路。

有人疑问：总结经验的文章，算不算教研文章呢？这要具体问题具体分析，不能一概而论。首先要明确的是，日常所见所写的工作总结，在严格意义上不是教研文章。具有一定的研究成分，这是教研文章最起码的内涵。如果写成了教学随笔，那也不错，勉强可以归入教研类文章。如果写成了对教学中问题的发现和研究，特别是对问题进行归因分析并提出解决对策，那就完全属于教研类文章了。

有必要说明的是，教育叙事不等于教育小说，也不等于围绕教育所写的叙事性散文。从本质来看，教育叙事是教育者采用叙事的形式对教育问题或关键事件的叙事。其中，既有教育者对教育现象的观察和反思，也有教育者对教育规律的遵循和运用，更有教育者对教育问题的归因和解决。教育叙事作为一种研究范式，是有其写作章法或体例的。这要求写作者循体而写，多次操练方可熟能熟巧。

作为语文教师，不擅长写诗歌、小说、戏剧等文学作品，并不丢人，因为那是小说家、文学家等专业人士的绝活，但不会写教研文章，注定将影响自己作为语文教学专业技术人员的专业程度。从事专业技术，不是能做、可操作就应付了事的，而是要使操作达到娴熟乃至艺术程度，在其背后蕴涵着对专业技术的深刻理解和精湛研究，而这离开语文教学研究是断然不可实现的。

总之，应根据自己对经验或理论的感兴趣程度，选择自己较擅长的教研文章类型，反复训练，直至将其练成绝活：不仅投稿命中率较高，能够多发表，而且所发表期刊的级别也会较高。

43. 为自己开一份成长书单

有人说，语文教师应该天生就是一个读书人。事实上，推动语文教师专业发展，自我研修、同伴互助和专家引领，无论是哪一个途径，都离不开书籍的阅读。特别是阅读理论书籍，用理论引领语文教师专业发展，其作用不可轻视。因此，作为语文教师，为自己开一份成长单，既要打下思想精神的底子，也要打下语文学科知识的底子，还要打下语文教学法方面的底子，这是很有价值和非常重要的事情。

语文教师要读什么书？除了按照思想、学科和教学进行分类之外，还可以按照语文这门课程本身的特点来分类，对所读书籍的类别作出研判和筛选。

语文是一门充满人文性、思想性的课程。这对语文教师的启示是，语文教师要有思想或者是思考能力。自觉地加强自身思想或思考能力的修养，则成为语文教师的必修功课。对此，应按照"缺什么，补什么，读什么，学什么"的思路，着力于相应书籍的阅读。

古今中外，以思想或思考著称的经典名著，数不胜数，这为语文教师阅读此类书籍，提供了广阔的选择空间。可以按照思想学术流派，分门别类，萃取一个学派的思想学术精华，逐个学派地阅读。滋养思想，涵育情怀，是阅读多家思想学术流派著作的目的。

阅读儒家经典，纵使时间有限，无法通读儒家的"十三经"或"四书五经"，也要通读"四书"吧？那么，朱熹的《四书集注》便可买来一观。作为一个语文教师，想要读一下原著，以便对儒家思想有个起码的了解，至少要读《论语》《孟子》《荀子》《传习录》之类堪称一代宗师的论述。阅读道家经典，老子是开山祖师，庄子是一代宗师，那么《道德经》《庄子》就得列入必读书目。其他学派的书籍，只要知道学派名称，到网络上便可检索其代表性人物及著作，每个学派阅读一两本也很不错。

外国学术经典著作，可参考商务印书馆出版的"汉译世界学术名著丛书"，涵盖世界很多国家中脍炙人口、经久不衰的经典名著。该书系出版至今，哲学有 285 种，政治学、法学、社会学、教育学有 202 种，历史学、地理学有 172 种，经济学、管理学有 166 种，语言学、文学艺术理论有 25 种。其中，以思想著称的名著，比比皆是，如《国富论》《社会契约论》《货币论》《权力论》《人类幸福论》《道德情操论》《风俗论》《家庭论》《就业、利息和货币通论》《论自由》《论平等》《论灵魂》等等。当然，近些年颇受读者追捧的《乌合之众》《娱乐至死》《心流：最优体验心理学》等，阅读一番也很好。

语文是一门注重综合性、实践性的课程。这意味着，语文教师要有广阔的知识背景和较强的实操能力。事实上，这也是语文教师成长的必经之路，从新手教师成为高手教师的关键，在于能够将理论知识同实践经验打通，共生共荣共进。事实上，无论是语文教材所涉内容也好，还是语文考试所涉内容也罢，其综合性非常突出，知识面非常宽广，并非仅限于人文思想方面的内容，还有很多涉及数学、物理、化学、生物、农业、医学、天文、机械等明显具有数理逻辑或自然科学方面的内容。这些方面，几乎都对应着一门学科，至少可以阅读其学科概论的教材或通识性教材。例如《什么是数学》《什么是化学》《生命是什么》《化学是什么》《生物学是什么》《医学是什么》等图书，颇具学科概论性质，还有如数学史、数学思想史、物理史话、天文史话等学科史方面的著作，都可以有效拓展学科知识面，了解学科思想。

语文教师广泛涉猎，开阔眼界，有助于优化知识结构，形成一定的综合性。与此同时，语文教师还应突出实践性。实践性，不只包括经历事情以及产生的经验或教训，还应包括"把事做成""把事做好"的实践思维或工程思维。有学者研究发现，理论思维擅长于"是什么""应该怎样做"，工程思维侧重于"做什么""怎么能做成"。前者重在考虑理论的推演及逻辑的严谨，突出了"应然"，而后者主要考虑成事的条件和具体的路径，突出了"实然"。我们把"应然"和"实然"对接起来，统而观之，也许就走向了事情的"本然"。为了加强"做成事"的思维训练，可阅读《理论思维与工程思维》《系统科学精要》《工程思维》《流程思维》《模型思维》《教学设计原理》之类的图书。

语文是一门学用国家通用语言文字的课程。这为语文教师指明了方向，应弄懂语言文字的使用规律。唯有如此，语文教师方可把握语文的课程要义，即教学生学习前人或优秀的语言文字的运用典例，并在运用语言文字中积累经验、把握规律。对语言学、文字学、语法学等书籍的阅读，语文教师应有扎根专业原典的认识，把该方面的本科或研究生所学的专业书籍，买来一读并不为过。

语言是人类交际的工具，是通往人类心灵的路径，对语言的思考其实就是对人类自身的思考。语文教师应把《说文解字》当作案头必读书，甚至是语文教学专业第一书。商务印书馆围绕语言文字出版了多部经典名著，例如索绪尔的《普通语言学教程》、L. R. 帕默尔的《语言学概论》、爱德华·萨丕尔的《语言论——言语研究导论》、布龙菲尔德的《语言论》、J. G. 赫尔德的《论语言的起源》、威廉·冯·洪堡特的《论人类语言结构的差异及其对人类精神发展的影响》、奥托·叶斯柏森的《语法哲学》、高本汉的《汉语的本质和历史》、房德里耶斯的《语言》、萨利科科·S. 穆夫温的《语言演化生态学》、迈克尔·托马塞洛的《人类沟通的起源》、卢卡奇的《小说理论》、诺姆·乔姆斯基的《语言的科学》、丹尼丝·施曼特—贝瑟拉的《文字起源》等，哪怕阅读三五本，便可受益匪浅。

针对语文教师阅读专业化问题，还可从教师专业成长的阶段性规律入手，对阅读书目分类并列出书单。按照李海林先生的研究，教师要经历两次成长，第一次成长以经验积累为主，然后遇到成长瓶颈期，第二次成长以理论提升为主。第一次成长不妨以实践操作类的图书为主，例如诸多名师的课堂教学实录、成长传记，还有讲解教学设计原理并附案例的图书；第二次成长则可主攻理论学说类的图书，比如教育理论类的书籍《教育原理》《民主主义与教育》《皮亚杰教育论著选》《课程论》《教学论》《教育目标分类学》等，心理学理论的书籍《教育心理学》《教学心理学》《性心理学》《普通心理学》《心理学改变世界》《科学与人格》《条件反射：动物高级神经活动》等。

读书是语文教师专业技术修炼的推进器。限于时间紧张、工作繁忙、琐事繁多等因素，在原则上，语文教师应当带着目的读书，带着问题读书，带着思考读书。若要以最少的时间，汲取相对专业的知识，修炼更加专业的技术，那就可以按照研究生专业的课程用书来阅读，如"语文课程教学论"的专业研究生或"学科教学（研究生）"的专业课程用书。当然，语文教师阅读此类课程用书，应当发挥自己身处教学一线的优势，把研读教材跟教学实践结合起来。这样阅读，书单的结构相对专业而精要，也比较切合教学所需，其转化率也会更高。

44. 把自己培养成专业阅读者

教师的职责是教书育人，这"教书"就包括了教会学生读书。这对语文教师来说，尤其适切。但是，令人感到奇怪的是，语文教师原本应是读书的行家和高手，但在工作后读书多年，却突然发现自己没有明显的长进。为什么会发生这一现象呢？如何扭转这一现象呢？语文教师读书不专业，那就让语文教师成为专业阅读者，是扭转这一现象的关键一招。

让语文教师专业起来，就要对语文教师的阅读开展分析。经过访谈和交流，根据大多数语文教师反映，语文教师阅读主要存在着这样的问题：阅读的书籍不专业、阅读的方法不专业、阅读的转化不专业等。针对专业性不足，解决的对策也要从专业性入手。基本思路是：围绕语文教师的专业技术，建立相应的专业阅读的图式。

首先，让语文教师阅读的书籍专业起来。博览群书，文史哲不分家，语文教师应当做一个杂家……这些说法和观念，有一定的道理，对语文教师有着不小的影响。但是，这些耳熟能详的言论，其道理之所以能够成立，是因为它是有一定的前提的。我们如果忽视了或逾越了前提，可能会在实践上误入歧途。列宁说过，真理只要向前一步，哪怕是一小步，就会成为谬误。可见真理都是在一定范围内，一定限度内，才成为真理。如果超出了一定的范围、一定的限度，真理就会成为谬误。这范围与限度就是真理的适用范围，我们不能超过，否则过犹不及。据此分析，语文教师阅读所追求的"博"，应当是基于专业技术的"博"，而非脱离专业技术的"博"。

立足于语文教师的专业技术，追求博览群书，跟传统阅读观中的"专博结合"，颇有相同之处。也就是说，语文教师应当将"博"作为地面，以

"专"向上耸起高峰或向下深挖，使"专"和"博"形成垂直关系。这样语文教师的阅读，既有高度或深度，也不失一定的广度。在很多时候，这样或许可以产生触类旁通，使专业技术变得既专又深，促进语文教师朝向专家型教师发展。

其次，让语文教师阅读的方法专业起来。语文教师对阅读方法应有所反思和改进。像默读，究竟有哪些技术要领，需要在操作中熟练掌握呢？像批注、跳读等方法，在阅读时应当怎样操作呢？像语文教师说给学生听的"不动笔墨不读书"，又该是怎样做到呢？是不是应该学会圈点勾画的符号标记呢？显然，这考验着一线语文教师的阅读基本功。

无论是阅读文学作品，还是阅读理论著作，或者是新闻作品，语文教师应当遵循一个阅读的规律或原则：循体而读。也就是说，书籍本身有文体，教师要按照文体的规律来读书。读小说，就要按照小说的文体规律来读，古典小说的章回体结构和写法，跟现代小说的结构和写法，可能不大相同，在阅读中就要有所区分。至于诗歌，诗经为四言诗，西方现代诗歌与之则完全不同，唐诗宋词又讲究意象、画面及意境，读法岂能一样？至于散文著作、理论著作等，想要追求有效乃至高效阅读，都应该循体而读，决不能乱读一气。所以说，按照文体的特点来读，可能是一条阅读的捷径。

让语文教师的阅读转化专业起来，做到读以致用。在一线教师身上，阅读转化率较低是既成事实。提高语文教师的阅读转化率，可以从三个方面入手：第一，在图书的数量和比例上，多读能够直接提升专业技术的书籍，例如语文备课技术、语文课堂提问、语文教学解读技术等实操性强的书籍；第二，在解决实践问题和当务之急上，应围绕问题或任务而读书，例如教学设计原理、教育目标分类学、学习心理学等有助于透视和研究实践困惑的书籍；第三，在具体运用和实际操作上，做到立即应用、请人指点和不断改进，既要增强技术实操的熟练性，达到熟能生巧的程度，也要强化观念和理论对实践操作的支配作用和指导意义，提升操作技术背后的底层逻辑的认知水平。

在作教师阅读专题报告时，有一个交流环节，有位教师向笔者讲述了困惑：为什么读了很多书，几乎每日都在读莫言的系列作品《红高粱》《天堂蒜薹之歌》等，还订阅了《人民文学》《中篇小说选刊》等文学作品，为什么不见教学水平提高呢？经过询问，笔者得知其所教学科为英语，先是惊讶，然后情不自禁地笑了。在笔者看来，很多语文教师也没如此废寝忘食，痴迷地阅读文学作品，这妥妥是在抢语文教师的饭碗啊！随后，有的语文教师也提出自己的困惑：作为语文教师，读了很多经典名著，像《论语》《道德经》《孟子》《楚辞》《古诗十九首》之类的书籍，为什么语文教学水平也没有提高呢？

这两位教师的阅读颇能说明一些问题。前者读书用功甚勤，虽每日勤读不辍，却跟所教的学科或所从事的业务，几乎没有关联，这是所读非所学、非所做以及无所用的问题。后者阅读书籍甚多，以经典名著为主，虽然能够历练思考能力，但对于提高语文教学水平，无法做到有的放矢、适切对路。

根据教师专业发展方面的研究，一位教师所拥有的知识，应当涵盖三类知识，即学科知识、教学知识以及思想文化通识。那位英语教师的阅读，至多是在思想文化通识方面用力，至于前两类知识根本无从汲取；那位语文教师的阅读，在思想文化通识方面用功较多，在学科知识方面次之，但在包括教学法在内的教学知识方面，几乎没有阅读。至于阅读转化率，可能都不在两位教师的考虑之内，其阅读对教学水平的提高无甚帮助，自然也是顺理成章的事情。

作为阅读教学的专业人士，语文教师走向专业化阅读、阅读专业化，已经不是愿不愿做的事情，而是势在必行，必须要做的事情。把自己培养成专业阅读者，是语文教师作为专业技术人员不可推卸的责任。

45. 拜师收徒的规矩和学问

拜师，是一个普遍现象，各行各业都存在。教育界也不例外，同样存在拜师的现象。特别是近些年来，一些学校举办青蓝工程、师徒结对等活动，通过举行拜师礼、颁发师徒证书等措施，确立师徒关系，从而把拜师这件事做实做细。这些举措用意是好的，但也存在一定的争议和思考。例如师父是否尽心指导，徒弟是否诚心想学，师徒结对是否取得实效，等等。那么，作为教师，特别是语文教师，对于拜师这件事，应该如何认识呢？怎样化繁为简呢？

笔者认为，拜师这件事，应当对其中的师徒关系分类，并作性质的区分。第一类，官方指定和操作而形成的师徒关系。例如，学校和教育行政部门等机构，为青年教师的成长而开展的青蓝工程、师徒结对等活动。第二类，自己寻找并跟随而形成的师徒关系。例如，自己通过中间人引荐、自己主动提出等形式，将别人拜作师父。第三类，频繁请教别人但未明确的师徒关系。从严格意义上讲，前两类属于真正的拜师，无论是官方还是民间，见证者和同行大多都会认可。第三类仅是学习，缺乏明确的仪式和说法，还不属于真正的拜师。根据具体的类型及其性质，我们对拜师的逻辑、规则和注意事项，可以形成基本的认知框架。

从徒弟的角度来说，拜师要心诚，不能乱拜师。作为徒弟，在拜师前要向自己发问：我为什么要拜这人当师父？通过拜师究竟想收获什么呢？不外乎以下方面：学习技艺、涵养人格、获得资源、寻找机会。

其一，跟着师父学习教学技艺。自己的业务或专业技术暂时不佳，想要进一步研修提升，跟着师父能够快速起步，稳妥上路，可以少走很多弯路。

其二，跟着师父涵育人生修养。在为人处世方面很不成熟，已经阻碍或制约了业务或专业技术的进一步发展，需要将业务或专业技术的做事层面和为人处世的做人层面结合起来，达到互相支撑、相辅相成，促成最佳发展状态。

其三，跟着师父获得相关资源。徒弟想要发展，但学校或地区等平台有限，能够助力教师专业发展的资源较为匮乏，师父多年积累的书籍、主持的省级工作室等专业发展资源能够提供充足的养分，帮助徒弟迈上发展的新台阶。

其四，跟着师傅获得各种机会。师父本身就是教师专业发展的高手，在教师专业发展规划有着心得体会，担任优质课大赛评委，或者是经常参加权威机构的命题工作，可以为徒弟提供各种各样的关键点拨和重要机会。

也许，徒弟拜师的目的是复杂的，并不单一，而是混杂着上面所说的多种目的。只要师父乐意接收徒弟，至于徒弟的目的究竟是怎样的，他人似乎也无可厚非。

从师父的角度来说，收徒要随缘，不能乱收徒。作为师父，在收徒前应向自己发问：我为什么要收这人当徒弟？培养徒弟究竟想收获什么呢？主要有以下方面：完成任务、了却愿望、扶持晚辈、扩展业务。

有的教师虽已成就斐然，但自觉跟全国优秀同行相比，还有很大的差距，在收徒方面的态度就显得比较谨慎和保守。若无官方牵线或组织，通常不会主动提出收徒的意愿和要求，更不会按照自己中意的标准，在一定区域内重点物色人选，然后跟人选联络并沟通，主动将其收为徒弟。

有的名师或老教师，在课堂教学、教育写作以及教师阅读等方面，颇有心得体会，甚至有一套个人独到的方法，已经不满足于现有的教学业绩，就只是单纯地想收个徒弟，体验一下当师父的感觉，了却一个心愿。怀着这样的初衷和想法，可能就属于自发培养徒弟的类型，纯粹就是满足一下曾经的愿望。用这样的心态带徒弟，其实也挺好。

有的名师或前辈德高望重，甘当伯乐，善于发现青年才俊，特别赏识一线教师的优点长处，令人称道。在一线教师的分类培养中，既能手把手地指导新手教师上路，又能精准指点成熟教师百尺竿头更进一步，会着意培养、有计划地推出一些晚辈，尽己所能扶持新人，形成某种团队、风格乃至流派，为当地教育或某一学科的发展作出贡献。

有的名师或前辈因教改或研究的主攻方向确定，在某种形式上形成了团队或规模，需要人手和新人加入队伍。这种以业务发展为导向的收徒，既能帮助徒弟成长，也能将自己的研究队伍壮大，可谓一举两得，利人利己。一般说来，由于主攻方向已经确定，徒弟在加入整个队伍的时候，可能会有一些限制，徒弟作为新人应多向老人请教，不宜脱离主攻方向而自行发展。

关于师徒之间的关系、走向和发展，双方最好是抱着聚散随缘的心态，而不是顽固坚持某种理念和做法，或者执着于某些个人的利益和得失。师父努力成为德艺双馨的前辈，徒弟努力成为谦虚好学的晚辈，这样师徒之间便可和睦相处，减少很多琐事烦扰，从而做到一门心思精进业务，提升专业生活的品质。

虽然拜师有很多讲究和说法，但是，能否早日学有所成，最重要的还是徒弟自身的勤奋、用心和体悟。就师徒的作用而言，师父相当于外因，徒弟相当于内因，外因通过内因起作用，内外因相辅相成，而成效就会更大。

作为过来人，笔者非常清楚一线教师是怎么理解拜师的。大家想要拜师，其实要的是贵人相助，而师父就是那个贵人。追根究底，师父这个贵人到底会有多大的作用呢？有人说，就像《射雕英雄传》里的郭靖，即便没情商没智商，但是遇到了成吉思汗、江南七怪、全王真教马钰、黄蓉、洪七公等，也能一路开挂起来。这样来看，那你渴望的是救世主式的贵人，觉得人家稍微赏识或者提携一下你，就能让你自己瞬间开悟，生命轨迹从此改变，人生进入一个新的台阶。换句话说，你渴望贵人能给予你一点资源和机会，你就可以一飞冲天。如果这样定义贵人，那么你会非常痛苦，或许会产生一种千里马常有而伯乐不常有的痛苦。

其实，贵人多是事后来看对我们生命产生重大正面影响的人，从当事人当时的角度来看未必会觉得那是贵人。例如，你在爬坡过坎时候，有同事助推你一把，这同事就是你的贵人；你在阅读方面很欠缺，有同行给你介绍一本书，读完后你觉得收获很大，这同行也是你的贵人。回到现实，再思考：什么是贵人？你就会对这个问题有新的感悟：当你站在某一个生命节点，回头看的时候，才发现原来那些助推你一把的同时、指点你读书的同行，启发你的思考的人，都是你的贵人。

严格地说，帮助过我们，提升了我们的见识，包括前文提到的身边人，那些通过文字书籍，传递他们思想和能量的人，都是我们的贵人。

大家眼中的贵人，往往是那种能量巨大，事业很成功，身居高位，把控重要资源的人。他们是未来可能的贵人，但未必能成为你的贵人，很难成为你当下的贵人。

如果非要说如何提升自己未来得遇贵人相助的概率，笔者觉得主要有两点：首先你自己要做一个贵人，是一个乐观、优秀，并且能够帮他人进步的人；其次，是一个善于求助，并积极主动的人。

李笑来说：大多数人对"求助"这个词儿，实在误解太深了！他们错把"求助"当作是一个低声下气、卑躬屈膝的行为。

求助其实是一种交易，不仅如此，它还是一种隐蔽的、意义巨大的交易。贵人之所以愿意帮你，是因为他已经看到你的价值，要么你的这种价值能够帮助他确立自己的价值，要么这种价值让他看到了未来的某种可能性。按照这种逻辑，重新理解你所拜的师父或所收的徒弟，也许你会有更深刻的洞察和领悟。

46. 锤炼鲜明的教学风格

教学风格和教学主张有联系，却是两个层面的内容，两者并不是一回事。教学风格指的是教学活动所呈现出的特色，是教师的教育思想、个性特点、教育技巧在教育过程中独特的、和谐的结合和经常性的表现。

教育界常说教学风格要鲜明，那究竟该做到什么地步，教学风格才算是鲜明呢？

语文教学前辈于漪上课的风格是"趣、新、实、活"：在语文教学中，激发一个"趣"字，不忘一个"新"字，又能牢牢揪住"情"字，铸就一个"活"字。语文名师余映潮上课讲究"诗意化手法、板块式教学、主问题设计"，追求学生课堂学习语文的有效性，自成"余氏风格"，以大面积提高学生学习语文的效率著称。语文名师王崧舟倡导"诗意语文"的教学主张，以"精致、和谐、大气、开放"的教学风格受到广泛的关注。由此可见，得到业界公认的教学风格，肯定属于教学风格鲜明。就内在而言，教学风格的鲜明，是教师多年如一日对教学特色的锤炼，是多堂如一课对课堂特色的打磨。教学风格的鲜明，是教师专注于语文课堂教学，使其特色经过天长日久的沉淀而形成的澄明。

对于有志于专业化发展的语文教师来说，每个人都想拥有自己的教学风格，那该怎么凝练自己的教学风格呢？这应当从三个问题入手。

第一个问题是，课堂教学的结构特点。你作为一个语文教师，课堂结构是怎样的呢？对此，你必须做到心中有数、手中有法、眼中有人。你的语文课堂是三个板块，还是五个板块，或是六七个板块，每个板块之间的时长究竟是多少？这么多板块下来，是平行推进，还是推向纵深，或是螺旋式上升，你心中有底吗？一堂课上完，究竟是松弛而不散乱，还是紧凑而无主线，或是散乱而低效，抑或紧张而高效……你能准确定位吗？如果你能对这些问题一一回答，有一定的条理性，那就恭喜你已基本解决第一个问题，现在可以思考第二个问题了。如果不能，那请你继续思考第一个问题。

第二个问题是，课堂教学的惯用手法。你上一堂语文课，爱用什么方式方法组织课堂教学呢？是小组合作，还是师问生答，或是生问师答？这些方式的教学互动有力推进语文课的同时，你还采用什么方法架构小组合作或师生问答等具体的教学互动？例如是解字法、缩写法等语文教学专业方法，还是讨论法、演示法等各学科课堂通用的方法？对这些问题的回答，代表着你在实际操作上对自己课堂教学的观察和反思。若能完整流畅地答出，那要恭喜你解决了第二个问题，可以讨论第三个问题了。如果不能，那你还要继续思考第二个问题，直至能够作出回答。

第三个问题是，课堂教学的现场氛围。你在上课的时候，你的课堂呈现出来的气氛，你的学生有着怎样的感受。比如说，你上一堂语文课，你自己是轻松愉悦的还是紧张兮兮的呢？你的课堂是笑声不断还是沉闷压抑呢？你的学生跟着你学语文，这节课是高高兴兴、兴高采烈，还是愁云惨淡、思维迟钝呢？听课的人对你的课堂有着怎样的评价，是自由开放、思维活跃，还是机械僵硬、教学艰难？对这些问题的回答，就是你对自己语文课的体验和总结，折射出你上语文课的具体特点。

上面的三个问题，代表了凝练教学风格的三个维度：结构特点、手法特点和氛围特点。在思考和回答的过程中，对教学风格的凝练也就水到渠成，自然而然地浮出水面。

按照教学风格的凝练维度，我们可以对一位语文教师的教学风格尝试凝练。例如，这位语文教师上课，喜爱用一条主线贯穿整堂课，三个主要板块非常清晰，中间的板块比较紧张，另外两个板块相对轻松；对字词的学习比较细致入微，由此品出文章妙处或作者意图，赏析语句既有教师示范也有学生模仿，朗读句段抑扬顿挫颇有专业味道；教师驾驭课堂游刃有余，轻松自如，学生课堂学习投入沉浸，充实愉快。这样的语文课，其教学风格就相当鲜明，可用张弛有度、简明丰满、务实有效等词语来概括。

当然，在凝练教学风格的时候，除了上述三个维度之外，还可以从学生的学习思维、语文的学科特质、教师的学识积累以及教师的教学语言等维度来观察和提炼。

语文教师具有足够鲜明的教学风格，凝练成一些形容词，或许还容易操作。但是，如果教学风格不够鲜明，处于似有若无的时候，凝练成一些形容词，可能就有很大的难度。此时，凝练自己的教学风格，不是没有价值，相反，价值可能会更大。其主要原因是，通过凝练自己的教学风格，借此对自己的课堂教学开展深入的观察和深刻的思考，以期形成明确的发展方向，确立更加清晰的发展目标，提升自身教学风格的鲜明程度，加快专业化发展的速度。

一线语文教师凝练自己的教学风格，往往不是一帆风顺的。在凝练教学风格的过程中，通常会遇到自己有一定感觉但因能力水平有限，导致自己对一堂堂语文课无法抽象提炼的问题，那该怎么办呢？换句话说，遇到这类问题，除了求助自己，还可以求助谁呢？对于凝练教学风格受阻的问题，根据当事人的学识基础与周围实际，至少可采取两种解决的思路：

其一，立足于自力更生，借鉴已有成果。如果当事人的自学能力和科研能力都很强，意味着有钻研和模仿的潜能，那么就可以自力更生，寻找当前语文界已有的成果，通过前辈的成长传记或课堂实录，探究其形成鲜明的教学风格的路径或切入点。应重点研读其课堂实录、教学反思以及备课手记等文章或书籍，以期寻觅其提炼教学风格的切入点和脉络，思考其课堂实录和教学风格能够对应、互证的关键所在。经过类似种种努力，也许就可寻找凝练教学风格的自我解决之道。

其二，引入外援力量，快速突破难点。如果当事人的领悟能力模仿能力实在不佳，那就要请教高人或专家。高人或专家都是哪些人呢？高人就是那些教学风格已经形成并且凝练的前辈，专家则是从事教科研并且擅长点评的专家型教研员或课程与教学专业的教授、研究员。不过，在拜访高人或请教专家之前，当事人应当做好课例积累的工作，不仅是对自己的语文课录制视频和音频，加工整理成课堂教学的文字实录，更重要的是围绕着自己的语文课写好教学反思，若再有一些已经发表的相关论文那就更好了。这些材料相当于金矿石，高人或专家就是淘金人和炼金人，对教学风格的提炼则是淘洗与冶炼的过程。在这类行家里手的帮助和加持下，一线教师能够尽快找到凝练教学风格的方向，拿出相关成果则指日可待。

没有教学风格的教师，其课堂教学的特色是不够鲜明的，其教学水平可能是处于瓶颈期的。教学风格的形成和确立，是一个教师在教学艺术上趋于成熟的标志，有利于突破专业发展的瓶颈期而实现自身专业的"二次发展"。语文教师应当重视教学风格的凝练，用教学风格引领和加强语文课提质建设，加快提升自身的语文教学专业化发展水平。

47．塑造自己的特色品牌

　　"金杯银杯，不如大家的口碑。"这句话说明了一种现象，那就是特色品牌是行家的一个重要标志。特色品牌，具有鲜明的区分度，可以帮助人们区分专业水平的高下。在本质上，特色品牌是一种专业程度和过硬实力的外显。

　　成为具有某种品牌的教师，既是提高教师内涵实力和专业声望的重要一步，也是迈向稀缺性教师和高价值教师的重要一步。因此，塑造自己的特色品牌，应当成为优秀语文教师、卓越语文教师的自觉追求。那么，语文教师如何塑造个人的品牌呢？垂直细分、长期主义和扬长冲顶，是值得尝试的策略。

　　垂直细分，就是对自己所从事的专业进行切分。这就像用刀把一根很长的甘蔗逐节切断，可以切成很多成节成段的甘蔗。对专业的切分与此相似，可以切分成很多非常细小的领域。然而，两者还有所不同。一节甘蔗即便竖立起来，也无法通过拉伸而拥有顶天立地的长度，但是一个非常细小的领域，经过修炼可以拉伸变成长板，成为这个细分领域从业人员的天花板。垂直细分，就是为了将一个极其细小的领域做成行业的天花板，从而达到别人无法逾越甚至难以企及的高度。

　　对专业进行垂直细分，可采用逐级细分的策略。比如，对语文教师的教学技能作一级分解，可细分为若干个领域：教学目标研制与叙写技能、教学活动设计技能、课堂环节组合技能、课堂导入技能、课堂提问与追问技能、理答技能等；二级分解，就是围绕这些技能再分解为若干个领域，像教学活动设计技能的二级分解，就可以细分为若干个领域：指导学生阅读课文的教学技能、指导学生讨论问题的教学技能、指导学生作批注的教学技能、指导学生纸笔作答的教学技能等；三级分解，就是对二级分解后的领域再作细分，像指导学生阅读的教学技能，可细分为更多细小的领域：指导学生默读的教学技能、指导学生朗读的教学技能、指导学生跳读的教学技能、指导学生浏览的教学技能等。在很多名师身上，特别是在一些著名特级教师的身上，我们可以看到每个人都有自己所擅长的细分领域。

长期主义，是对一件事情的投入或一种技能的训练，保持十年以及更长时间的专注态度。研究表明，在带教导师的指导下，受训者接受专业技能的训练，通常需要花费一万个小时左右的时间。研究者将这一规律命名为"一万小时定律"。对少数天赋卓异者来说，接受训练所需的时间会缩短，但仍达到了七千小时到八千小时。

常言道"十年磨一剑"，其核心要义就是长期坚持，如同"十年树木"那样毫不更移。这非常符合一线教师的实际状况：专注教学十年，才有可能渐入佳境，教学技艺娴熟，教学风格鲜明。按照一线教师的工作状况，除去生病、紧急阅卷等事情所耗费的时间，一年也就剩下三百来天的时间，再将一万小时拆解，分配到十年之中，每年为一千小时，再将其分到每天之中，每天就是三个小时左右。专注教学，每天三小时修炼，尚需十年方可大有成效。对语文教师来说，很多技能不需要训练一万小时，就能成为一定区域内的天花板。例如，语文教师训练自己的朗读技能，就是这方面的典型。仅靠自我摸索，每天朗读不可能连续训练三小时，因为训练不得法，长时间发声，会导致咽喉无法承受。即便是咽喉每天可承受连续三小时的训练，三五个月也未必就见成效。反过来说，语文教师找到专业导师，每天接受朗读指导来训练一小时，只掌握一种技能，回去后再训练一两个小时，一两个月就可大见成效。

扬长冲顶，指精准研判并选定长处，对其进行刻意练习，经过一定时长的训练冲到顶级水平。古往今来，全面发展而且每个方面都极其拔尖的人，一直都是极少数。有道是："人上一百，形形色色。"这道出了人与人之间存在差异的真相。每个人的天赋是不同的，正如因材施教所强调的那样，"材"质不同，把长处作为最近发展区，就成为最常见的发展策略。

人生的发展有两种最为基本的策略：扬长避短和均衡补短。前者注重的是优势和长处，其背后是人生发展中处于突出地位的天赋和资源，我们对其应当充分挖掘，形成个人的比较优势。用经济学理论来讲，这就是比较优势原理。后者注重的是短处和不足，其背后是短板限制和阻碍了整体效能和综合实力的提升，我们应当对其及时弥补，形成均衡发展以取得最大效益。用心理学效应来说，这就是短板效应或木桶原理。

就语文教师来说，可以采取"扬长""补短"并举的策略。但是，作为一线教师，因时间、精力和经济等条件有限，可以实行先扬长再补短的策略，以求快速起步见效，拉升优长的顶尖程度，形成特色和口碑；再对短板徐徐图之，拉高自身内在蕴涵的容量底线，最终实现综合实力的提升。在语文教师中，全能型选手甚少，与其一直盯住短板，不如优先发展长板，再弥补短板，达到长板够长、短板不短的状态。

在本质上，垂直细分是将时间、经历和研究资源等聚焦在一个细小的点上，越细小就越容易聚焦。与之相反，越分散点就越难以突破。这就需要用创新思维迭代自己，或研读名师课堂实录获得启示，或师从某个行家得到指点。围绕一个细分领域，坚持长期主义，借助专业导师开展刻意练习，进而提升自己技能水平，逐步在学校、乡镇、县区、地市等区域内达到峰值。此时，教师再经过参加专业赛事的展示和确认，便可在长期深耕的细分领域享有盛名，得到同仁公认。假以时日，教师连续攻克数个细分领域，并达到所在区域内的峰值，其实力之强自不待言。

细分自己所从事的专业技术，从"一万米宽，一厘米深"的面上浅耕粗作，转变为"一厘米宽，一万米深"的点上深耕细作。这应是语文教师奉行的深耕专业之道。

总之，塑造自己的特色品牌，语文教师要围绕自己的专业领域，开展多个层级的垂直细分，以便为实行长期主义而选准聚焦点。再通过长期主义的历练和锻造，将聚焦点所在的细分领域做到顶尖程度或极致水平。若将聚焦点跟个人的天赋和资源等优势相结合，经过专业导师的专业性指导训练，践行长期主义，必将结出累累硕果。

48. 加入专业成长型组织

　　过一种幸福专业的语文生活，是每个语文教师所希冀的。但是，幸福专业的语文生活，不可能从天而降，必须靠语文教师自己去创造。创建或加入专业成长型组织，就是语文教师通往这种生活的捷径。

　　在加入专业成长型组织后，很多成员发出由衷的感慨："终于找到组织啦!""总算归队了，今后我也是有组织的人了。"这表明其内心对专业成长的渴望和呼唤，始终未曾停歇和消失。

　　专业成长型组织，有多种表现形式。分类角度不同，其类型也就存在差异。以工作室为例，可以有如下分类：按照举办层次来分，有校级工作室、县级工作室、市级工作室、省级工作室等；按照研修内容来分，有语文工作室、阅读工作室、写作工作室等；按照领衔身份来分，有特级教师工作室、学科带头人工作室、名师工作室等。但是，无论怎样分类，专业成长型组织的存在价值只有一个：建构学习共同体或专业成长共同体。

　　语文教师加入专业成长型组织后，怎样才能快速提升自己呢？这就涉及当事人对其运行规则、资源优势、研修重点等方面的认知。因此，作为加入者的语文教师，有必要建立一个认知框架，以便把握所在专业成长型研修组织的特色和重点，从而使自己做到有所为、有所不为。在多数情况下，一线语文教师以学员的身份加入工作室，若能注意以下方面，形成一个比较系统的认知框架，会更有利于自己的专业发展。

　　制度维度。常言道，无规矩不成方圆。每个工作室都有自己的组织原则，也有相应的规章制度，以便对上对下负责。作为工作室成员，有必要事先了解。除了显性的制度，工作室往往还有隐性的制度，这相当于一个工作室的组织文化。例如，有的工作室主持人比较注重复习备考，可能会针对复习备考方面多举办一些研修活动，而对戏剧阅读教学、现代诗歌教学就不一定举办活动，因为这些不属于中高考的必考点或高频考点；有的工作室主持人比较喜欢阅读教学，可能会重点围绕古代诗歌教学、文言文阅读教学等举办活动，至于作文或口语交际等方面就不一定举办活动，因为这些不属于主持人感兴趣的内容；有的工作室主持人倾向于培养学员的组织能力，可能会每次研修活动轮流放在学员所在的学校，提高其在工作单位中的协调能力和影响力。

品牌维度。每个工作室都有自己的定位，主持人可能也有自己的教学风格和教学主张，再加上工作室举办活动所产生的研修偏好，这就使每个工作室形成了自己的品牌。在加入工作室前，语文教师对工作室的定位和特色应有所了解，对主持人的教学风格和教学主张有所认知，这样便可"弄斧到班门"，学习工作室最突出的地方，加快自身专业发展。其实，一个工作室相当于一个团队，每个团队都有自己的核心成员或骨干分子，至于哪些人教学水平很高，哪些人课题研究擅长，哪些人阅读理论较多，还是需要观察和打听一番的。孔子云："三人行，必有我师焉。"跟着工作室里的高手学习，成长收获自然不会小。更为关键的是，作为工作室的学员在研修到期结束时，是否已经打上了工作室品牌的烙印？这就取决于学员能不能做一个有心人了。

资源维度。资源是工作室团队发展的基础，也是工作室培养学员的沃土。每个工作室的资源优势，实际上是不尽相同的。有的工作室是主持人善于整合资源，为学员多方搭台，并提供指导，由学员自编自导自演；有的工作室是主持人擅长定点突破，一次突破一个常见的难点，扎扎实实地研修；有的工作室是成员资源广泛，学员挖掘其当地优秀资源，提高研修活动的质量。对语文教师来说，参加发表文章、开展课题研究等培训，也许较为常见，但是，由报刊主编或出版社责任编辑作当面指导，可能就相当稀见。在经费、时间等条件许可的范围内，基于一线实际需要，邀请高层次专家和权威人士，就是工作室为培养学员而充分挖掘资源所作的努力。

个人维度。参加工作室是为了更好地提升自己，这应当是很多语文教师的心声。然而，事实并非如此。有的学员在整个三年研修周期内，只露过一次面，从此消失得无影无踪；有的学员在学校工作期间渴盼参加研修活动，但到了研修现场，盯着手机玩得不亦乐乎；有的学员在平时感叹缺乏同行者切磋交流，在研修日程里却得空就去逛街购物……心思不在研修上，业务怎能精进呢？常言道："师傅领进门，修行在个人。"进了工作室，只是个人研修的起点，个人要想办法发展自己。例如，可采取"三高"策略：交高人、听高见、创高光。有道是："世上无难事，只怕有心人。"语文教师倾情投入，抱持一颗谦虚好学之心，结识高手教师，聆听高明论见，创造高光时刻，必将快速提升个人专业发展水平。

研修维度。工作室举办研修活动，其主题、方式和时长等，通常由主持人和导师组商定，这不是一个学员所能左右的。但是，一个学员可以站在专业发展规划的角度，审视并制定自己的研修活动。也就是说，在工作室研修活动之外，学员可以制定一份属于个人的研修方案。例如语文教师的三年发展规划，可以采取阅读、实践和研究三者齐头并进的策略。像第一年，可以这样简略表述：阅读研修究竟读哪些书、怎么读、上到什么程度；教学实践究竟上哪些课、怎么上、达到什么效果；研究教学究竟研究什么内容、怎么研究、研究到什么程度。至于第二年、第三年，也可按照这样的格式来表述。不过，在具体数量、所用方法以及相应效果上，可以据实调整。将个人的研修和工作室的研修结合起来，应当算是比较完整的研修。关于语文教师专业发展的研制，可参看笔者发表在《语文教学通讯》2022年第32期的文章《语文教师专业发展规划：内涵、研制和落实》。

效能维度。所有工作室都非常重视效能考核，这也是工作室运行期满的必选动作，即由主管机构或第三方开展考核验收工作。无论是作为个体的学员，还是作为组织的工作室，其效能维度是基本一致。一般来讲，所发表论文的数量和质量，所研究课题的数量和级别，所获奖项的类型、等次和数量等，均有相同的评价指向。此外，学员满意度调查、主持人述职和专家评委打分等，也决定着工作室的考评等次。所以，一个学员重视并做好工作室考评方面的事宜，就比较容易获得脱颖而出的机会，如被评为优秀学员或获得更多的发展资源。从效能维度来看，学员注重突破一点，以点带面，将自己在工作室所学进行积极转化，拿出论文、奖项等过硬的业绩，是可以加快教师专业发展的。

加入工作室、研修坊等专业成长型组织，让语文教师过一种幸福专业的语文生活，是必要的，也是重要的。这既是语文教师专业发展精进的需要，也是语文教师建设新型专业文化的需要。

49. 积累自己的教学作品

什么是教学作品呢？简要地说，就是教师围绕教学所产生的作品。

教学是教学作品产生的源泉。在本质上，教学作品是教师观察教学、思考教学和研究教学的产物。在教学中，基于教学，为了教学，构成了教学作品的主要特点。

作为一线教师，要对教学作品和文学作品作出明确的区分，不能认为文学作品就是教学作品。教学作品是围绕教学而产生的作品，往往蕴涵着研究和精进专业技术的指向，而文学作品则是采用文学手法表达一定主题的作品，往往蕴涵着描叙和体验审美世界的指向。从本质上讲，教学作品和文学作品是完全不同的两个层面。教学作品的底色是专业技能，专业技能则以技术为支撑，以科学规律为底层逻辑；而文学作品的底色是审美世界，审美世界以感受为支撑，以创作规律为底层逻辑。一味地沉浸在文学作品的构思和创作中，却忽视教学作品的锤炼和生成，毫无疑问，这张扬了教师自身作为文学爱好者或文学创作者的一面，但削弱甚至失却了教师作为专业技术人员应钻研精进业务核心技术的一面。

就教师来说，热爱从事文学创作形成文学作品，这体现了个人的兴趣，有其价值，但跟教师从事教学而形成教学作品相比，应当是位居次要地位的。为什么呢？教师作为专业技术人员从事教学乃是责任，无论是否感兴趣，全力以赴地做好教学，是法定职责，是无法推卸的责任。形成教学作品，其实也是这一道理。形成教学作品，仍是为了做好教学，无论是否有兴趣，都应积极开展，以便精进自己的专业技术。少数语文教师有兴趣创作文学作品，但却疏于备课和教学设计，导致课堂教学乏味无趣，事实上已经偏离了初衷和本意，即语文教师尝试创作文学作品而体验作家创作心理，更好地为开展语文教学服务。事实上，这类语文教师在文学创作的道路可能越走越远，若不能对语文教学水平持续精进而成为教学技艺精湛的语文教师，则终将成为具有从事语文教师职业身份的作家或准作家。

日本教育学者佐藤学先生深受一代能乐大师世阿弥元清（1363—1443）的影响，服膺其艺术理论著作《风姿花传》中所说的："若能将此花，由我心传至君心，谓之风姿花传。"遂将课堂教学视为教师的即席创作，借此明了精进课堂教学的核心要义。我们假如把课堂教学当作心花，那么卓越的课堂教学就是心花的怒放，卓越的教师要善用"心花"传达情意，传送智慧。作为教师，只有洗练自己的教学技艺，达到身手和心灵默契，才能让课堂教学如妙花绽放。从这个角度看，教学作品就是教师"心花怒放"的结果，而这个结果是对课堂教学的观察、记录和研究的结果，其最显著的特征是来自教学、投入教学、为了教学。

就一线教师的实际来看，最有可能完成并积累的下来的教学作品是什么呢？这值得讨论。教师不能把文学作品当成教学作品，前面已经论及两者之间的区别，那么，教师能把学生当成自己的教学作品吗？答案也是否定的。

从教学关系来看，学生的确是教师教学的受益者，学生的成长变化蕴涵着教师付出的劳动。然而，无论是从道德伦理的角度来看，还是从即席创作的角度来看，教师都不能把学生当成自己的教学作品。为什么这样讲呢？请看一对父子对话的故事。

法国著名作家大仲马文学成就斐然，以长篇小说《基督山伯爵》《三个火枪手》等作品名垂后世，被后世誉为"通俗小说之王"，成为继伏尔泰、卢梭、雨果、左拉和马尔罗之后第六位进入先贤祠的法国作家。其子小仲马的文学成就，同样令人称道，以长篇小说《茶花女》等作品闻名于世。据说，小仲马曾向父亲问道："您最满意的作品是什么？"大仲马回答："我最满意的作品就是你！"根据这个故事可知，教师不能把考得好或学习好的学生当成自己的作品，因为根本就没有这个资格。不过，这个故事也给一线教师带来了启示：教师要有自己的教学作品，就像作家有文学作品一样；教师是可以留下教学作品的，而且教学作品的分量越重也就越好。

语文名师程翔先生提出，语文教师要积累课堂作品。程老师独著的《我的课堂作品》，主要收录了课堂教学实录、课堂教学设计以及关于课文鉴赏的文章，还选入了少量的论文和教学随笔。据此来看，语文教师的课堂作品，是语文教师"对教学内容的准确、深刻的理解与精湛的教育教学艺术有机结合的产物"，是"课堂实践的结晶"，"课文属于作者，课堂作品则属于教师"。

关于课堂作品的范围和标准，程翔老师曾作论述。其一，什么是课堂作品？它应该包括以下内容：第一，优秀教案。一个好的教案，必然是反复实践的产物，必然是反复打磨的结晶，必然是包含了教师的心血之作。第二，优秀论文。一篇好的论文，必然是教师提炼升华的产物，必然是体现理论探索的产物，必然对其他教师具有一定的启发性。第三，优秀报告。一个好的报告，必然是教育叙事的典范，必然具有感染力和教育价值。其二，课堂作品的标准是什么？应当具备以下标准：第一，体现了教师对所教内容的准确把握和深刻理解。第二，体现了教师精心的设计和巧妙的构思。第三，包含了师生双方情感的参与。第四，体现了学生课堂生成的效果。

按笔者之见，教学作品包括但不限于课堂作品，还可以包括试题训练等有关语文教学核心技术所形成的产品。例如：作业设计、试题命制等，教师都可以留下自己的作品。当然，针对这些作品，教师应当开展研究，形成具有理论深度或实践智慧的文本，比如为有关作业和试题的使用提供说明性文本，围绕作业设计、试题命制的基本原理和实践经验，展开相关的讨论和总结，形成文字文本，这样可以避免教学作品成为纯粹的试卷集、习题集。

教师围绕课堂教学所开展的活动，特别是备课、上课、观课、议课，具有高频出现、常规操作的特点，也是一线教师产出教学作品的主要来源。这些活动所形成的教学作品，究竟有哪些呢？

为了上好语文课，教师所做的每一项教学工作，都是有其价值的，也都可以形成多种教学产品。就备课或教学设计来说，就可以产生备课手记、课文解读札记以及教学设计等。就课堂教学来说，可以形成教学反思、教学随笔、课堂实录、研究论文、课例研究报告等。就观课议课来说，就可以形成听课手记、观课随感、研讨实录以及研究论文等。然而，理想是丰满的，现实是骨感的。一线教师并不爱写，也不常写这样的教学作品。这究竟是什么原因呢？这就要说到一线教师心中存在的困惑，那就是：专家学者总是说课堂里大有学问，有很多文章可以写，为什么我就是看不出来呢？

　　面对一线教师的困惑，我们比较专家学者和一线教师的异同，或许可以得出某种结论：其一，从发现问题的角度看，专家学者带着问题观察课堂，而一线教师对课堂问题可能已经熟视无睹；其二，从运用理论的角度看，专家学者总是站在理论的高度研究现象或问题，而一线教师总是爱从经验的层面谈论操作很容易导致就事论事；其三，从研究合作者的角度看，专家学者常常走进一线教师调研属于异质合作，而一线教师止步于一线教师讨论属于同质合作，这就导致专家学者不断推进研究，而一线教师虽想研究，却总陷入萝卜片炖萝卜块仍是一锅萝卜的境地。

　　经过长期的专业理论阅读，一线教师的理论修养得到提升后，往往能够快速准确地发现问题。事实证明，一线教师扎根于课堂教学，长期沉浸在课堂教学现象中，和现象难以拉开距离，往往陷入"当局者迷"的困局，而无法拥有"旁观者清"的体验。因此，一线教师想要做好教学产品的积累，必须学用理论，从而跟课堂教学现象、教学实践经验拉开距离。

　　在跟学校同事和学科同行的近距离接触中，我们容易发现到这样的现象：为什么很多一线教师工作数十年临到退休，却仍然没有积累下自己的教学作品呢？对于这一现象，我们或许可以从上述分析中找到答案。

　　通常来说，一线教师探究其原因，可能会从工作繁忙时间紧、没有专家引领等方面进行解释。然而，应当追问的是：为什么还有一些教师也是同样的处境，却写出了很多教学作品呢？或许，"实践经验浸没"和"运用理论稀缺"可以解释这个问题。对一线教师来说，加强理论的学习和运用，跳出实践经验和具体现象的沉浸与包围，再辅以勤奋和坚持，积累具有一定深度和高度的教学作品，也并非可望不可即的事情。

50. 提炼自己的语文教学主张

在参加省骨干教师培训和省学科带头人研修等期间，我曾经多次询问同仁："你的教学主张是什么？"被询问者常常是一脸懵懂："什么是教学主张？"或者是满脸惊讶："我有教学主张？那是全国名师才考虑的事情！"按理说，在全省中小学教师队伍中，拥有省级骨干、省学科带头人之类称号或头衔的教师，已经处于教师专业化发展的高层次阶段了，甚至是全省位于或接近金字塔尖的群体。然而，令人遗憾的是，这样的群体对教学主张不是有点陌生，就是敬而远之。刨根究底，自我感觉"我不配""我不是名师"等观念和意识，束缚了很多教师对教学主张的认知和提炼。在这一点上，语文教师丝毫没有例外。

很多处于成熟阶段的教师，包括特级教师、正高级教师等在内的处于金字塔顶的教师，没有自己的教学主张，就没有完成自觉的经验批判，就缺少了源于学科见解的自我引领。即便是卓越教师，缺少了教学主张，至少在学科教学的个人见解上，仍然不够成熟。换句话说，没有教学主张，就是成熟教师最不成熟的地方。一言以蔽之，一日无主张，便一日不成熟。对于那些颇有成就的教师来说，但凡对提炼教学主张有一点迟疑，那都是对自身教学水平的不尊重。

教学主张是基于学科教学的专业思想的高度提炼和简约表达。提出自己的教学主张，是教师走向高度成熟的重要标志。特别是能够得到本学科同行认可的教学主张，无疑是提出者对本学科教学的一种引领和贡献。包括语文教师在内的一线教师，应当重视个人教学主张的提炼，借此锤炼自己对学科教学的理论和实践的融会贯通，为自身鲜明的教学风格提供内涵层面的支撑。

放眼语文教学一线，具有教学主张的语文教师少之又少。但是，就在这少之又少的提出教学主张的教师中，却存在着一种关于教学主张的乱象。例如，"生动语文""魅力语文""灵动语文""美丽语文""雅致语文""智慧语文""文化语文"……类似的教学主张举不胜举，说不胜说，这颇似一种贴标签的风潮。

教学主张用"某某语文"表达，一律是"四字词语"的格式，除了"语文"这个词是名词，只要前面用上两字词语就可完成了事。当然，随着标签化思维的渗透，对"语文"所加的前缀，并不局限于两字词语，也有一字词语。至于这词语是形容词还是名词，似乎无人顾及。

只要加上一两个字作为前缀，似乎都可以提出教学主张。至于教学主张是否契合语文学理，是否推进了语文学科的建设，并没有多少人真正关心。这种教学主张的乱象，恰恰说明了学科建设的不成熟，缺少具有语文学理的深刻共识。

从诸多教学主张来看，提出者多关注"前缀词语"和"语文"的联系，开展种种论证，试图自圆其说。事实上，阐说两者有联系是比较容易的，阐说两者无联系是非常困难的，因为这是两种思维或方法主导所产生的做法。前一种是不完全归纳，只要举出一个证据，讲出一个道理，就能证明"前缀词语"和"语文"是有关联的，但是，后一种是完全归纳，想要反驳"前缀词语"和"语文"是没有关联的，就要全部举出反驳的证据，讲出很多道理。至少在举证方面，完全归纳要举出全部证据方可成立，而不完全归纳只要举出一个证据就言之有据，举出多个证据那就更是言之凿凿了，其工作量不可同日而语。

符合语文学理，并促进语文学理建设，这是提出语文教学主张的基本原则。针对自身状况，加快教师专业发展，固然是语文教师提出教学主张的出发点，但不能因此违背和伤害语文学理，更不可扰乱和阻碍语文学理建设。那么，语文教师应当如何提炼教学主张呢？这涉及提炼教学主张的基本思路和主要步骤。

提炼教学主张的基本思路，可分为两种：演绎思维和归纳思维。通常来说，基于这两种思维提出教学主张，前者更适合教龄较短的教师，后者则多为教龄较长的教师。因为采用归纳思维，需要丰厚的教学实践作为基础，教龄较长的教师更容易做到。当然，教龄较长的教师采用演绎思维并无不妥。因为站在理论的高度，对自身的教学实践进行重新审视和批判，从而提炼出自己的教学主张，既有理论依据又能融通实践经验，也是难能可贵的。

演绎思维是一种从理论到实践的方向，基于教育教学理论或语文学理，提炼出引领自己开展语文教学的主张。例如，基于维果茨基最近发展区理论，所提出的"学情核心的语文教学"教学主张，就好于"走心语文""真味语文"这类教学主张。

归纳思维则是一种从实践到理论的方面，基于自身的教育教学实践或语文经验，提炼出引领自己开展语文教学的主张。例如笔者所提出的教学主张"基于专业方法教学生学语文"，就是从实践走向理论的一种探索。

笔者曾经参加过余映潮、程翔等名师大家领衔的研修班，发现名师的语文课总是质量很高，而一线很多普通教师的语文课却总是质量不高，这是为什么呢？经过苦苦思索，笔者有所体悟：语文教学内容虽然相同，但教学方法迥异，导致了教学效果迥然不同。在此基础上，笔者又追问自己：名师们经常采用什么样的教学方法呢？通过走进名师课堂教学，反复观看名师教学视频，仔细研读名师教学实录，可发现名师的语文课常用这样的方法：朗读、解词、换词、猜读等方法。而一线众多的普通教师虽有朗读但不专业，虽有提问但无换词、猜读等方法作支撑，虽有即时评价却总是满足于"好""你真棒"等流于表层的语言……透过现象看本质，其背后是语文教学专业方法的匮乏。

在很长一段时间内，笔者利用省工作室研修、省学带培训等活动的机会，不断地向前辈和同辈请教问题：语文教学有哪些专业方法？几乎没人能够如数家珍地讲述。后来，请教高等院校的语文课程与教学论的博士和教授，也未能得到准确的回答。语文教学专业方法本应该是语文教师的看家本领，但我们都忽视了语文教学专业方法的价值和作用。

在请教和问询无果后，笔者开始了名师实录的提炼工程：既然朗读是名师上课的拿手好戏，换词、改词、改句子等也是名师教学高频使用的方法，我就先从朗读法、删改法等方法入手研究。在特级教师邢益育等前辈的指点下，笔者又仔细研读统编初中语文教材，围绕单元导语、课前的预习提示和课后的练习任务等地方，重点研读并合并同类内容。这让笔者惊喜发现：统编初中语文教材对朗读教学有明确的提示和要求，那就分门别类地摘录，逐条加以整理，结合自己擅长朗读的实际，参考中国播音学泰斗张颂教授的《朗读学》，对朗读法形成比较稳妥的认识：描述其定义，列举其具体操作步骤及关键之点。随后，笔者又找到其他老师，按照围绕朗读所作的定义、操作步骤及关键之点，当场朗读实践并反复商榷，最终定稿。这为笔者逐一提炼语文教学专业方法提供了基本格式和操作流程。

从语文名师实录蕴涵的专业方法到统编初中语文教材，再到自身教学实践经验提炼，然后请同行检验，按照这样的研究思路和提炼程序，删改法、缩写法、扩写法、解字法等语文教学专业方法，就先后形诸笔端，最终形成一篇超过万字的专业论文《语文教学专业方法体系论》。该文在《中学语文》2021年12月发表后，被"人大复印报刊资料"《初中语文教与学》2022年第5期全文转载。

在对语文教学专业方法作系统深入研究的同时，笔者还申报了省级规划课题并开展实验，对语文教学专业方法在课堂教学中的实际效果进行观察和检验。事实证明，在围绕同一篇课文的知识和技能，采用语文教学专业方法开展教学设计，其课堂教学效果远远胜过未采用语文教学专业方法的课堂教学效果。这一检验结论，在指导青年教师成长方面，反复得到验证。特别是通过师徒结对和主持省级工作室等活动，笔者主动上示范课，指导徒弟和学员上研究课，充分运用语文教学专业方法都取得了良好的效果。

根据本人提炼语文教学主张的经历，采用归纳思维提炼教学主张，非常适合教龄十年以上的语文教师。而采用演绎思维提炼教学主张，可引导教龄较短的年轻教师反复研读理论，批判自身实践经验，攻克理论转化成实践操作的难点，最终完成理论和实践的对接和融通，使自己成为既有理论功底又有实操技术的高水平教师。

由于提炼教学主张是一项复杂的工程，涉及多个维度和多种因素，仅靠自身的力量也许难以完成。一线教师在提炼教学主张的时候，假如能够寻求专业的帮助，按照相对科学的流程，再经自身反复的实践检验，无论采用哪一种思维，都可以取得具有突破性的进展。